宜商　利商　引商

国际一流营商环境评价标准与上海实践

刘江会　鲍晓晔 / 著

上海人民出版社

出 版 说 明

　　智力资源是一个国家、一个民族最宝贵的资源。中国特色新型智库是智力资源的重要聚集地，在坚持和完善中国特色社会主义制度、全面推进中国式现代化过程中具有重要支撑作用。党的十八大以来，习近平总书记高度重视中国特色新型智库建设，多次发表重要讲话、作出重要指示、提出明确要求，强调把中国特色新型智库建设作为一项重大而紧迫的任务切实抓好。在习近平总书记亲自擘画下，中国特色新型智库的顶层设计逐步完善，智库建设迈入高质量发展的新阶段。

　　上海是哲学社会科学研究的学术重镇，也是国内决策咨询研究力量最强的地区之一，在新型智库建设方面一向走在全国前列。近年来，在市委和市政府的正确领导下，全市新型智库坚持"立足上海、服务全国、面向全球"的定位，主动对接中央和市委重大决策需求，积极开展重大战略问题研究，有力服务国家战略，有效助推上海发展。目前，全市拥有上海社会科学院、复旦大学中国研究院等2家国家高端智库建设试点单位，上海全球城市研究院、上海国际问题研究院等16家重点智库和10家重点培育智库，初步形成以国家高端智库为引领，市级重点智库为支撑，其他智库为补充，结构合理、分工明确的新型智库建设布局体系。

　　"上海智库报告"是市社科规划办在统筹推进全市新型智库建设的过程中，集全市之力，共同打造的上海新型智库建设品牌。报告主要来自市社科规划办面向全市公开遴选的优秀智库研究成果，每年推出一辑。入选成果要求紧扣国家战略和市委市政府中心工作，主题鲜明、分析深刻、逻辑严密，具有较高的理论说服力、实践指导作用和决策参考价值。"上海智库报告"既是上海推进新型智库建设的重要举措，也是对全市智库优秀研究成果进行表彰的重要形式，代表上海新型智库研究的最高水平。

　　2023年度"上海智库报告"深入学习贯彻落实党的二十大精神，紧密结合主题教育和十二届市委三次全会精神，聚焦上海强化"四大功能"、深化"五个中心"建设的一系列重大命题，突出强调以落实国家战略为牵引、以服务上海深化高水平改革开放推动高质量发展为基本导向，更加注重报告内容的整体性、战略性和前瞻性，引导全市新型智库为上海继续当好全国改革开放排头兵、创新发展先行者，加快建设具有世界影响力的社会主义现代化国际大都市，奋力谱写中国式现代化的新篇章提供智力支撑。

上海市哲学社会科学规划办公室

2023年9月

目　录

前　言

　　诺贝尔经济学奖得主道格拉斯·诺斯强调，制度对于提高国家竞争力至关重要。"有效率的经济组织"是经济增长的关键，要保持经济组织的效率，需要合理的制度安排。大量国际经验研究从经济学、管理学角度，证明了"制度重要假说"（institutions matter）。国家的经济成效取决于其制度——不同的法律和组织安排以及经济政策。这些直接作用于企业发展，并间接影响经济增长的制度合集，就是营商环境。营商环境是企业发展的土壤，直接影响一个地区的经济繁荣程度，并最终反映在招商引资、财政税收、社会就业、经济发展等各个方面。

　　营商环境通常是指伴随企业活动整个过程（包括从开办、运营到退出的各环节）的各种周围境况和条件的总和，是一项与经济改革、社会改革和对外开放等众多领域密切相关的系统性工程。根据2019年10月22日出台的《优化营商环境条例》，"营商环境"的定义为，企业等市场主体在市场经济活动中所涉及的体制机制性因素和条件，即"软环境"。在各类资源全球配置的时代，营商环境是一个国家或地区的软实力和核心竞争力的重要体现。世界各国的实践都表明，良好的营商环境会激发经济发展潜能与创新活力。

　　在新发展格局下，党中央、国务院作出优化营商环境的重大决策部署，这一重大举措推动了我国经济高质量发展。近年来，党中央和国务院采取了一系列举措，营商环境优化成效显著。在世界银行《2020 年营商环境报告》中，中国排名又提升 15 位，跃居全球第 31 位。上海作为权重 55% 的测评城市功不可没。上海深入贯彻落实习近平总书记关于上海等特大城市要率先加大营商环境改革力度的重要指示，制定实施了一系列优化营商环境的政策，自 2017 年起陆续推出六版优化营商环境改革方案，持续深化"放管服"改革，不断优化更具国际竞争力的营商环境。

党的二十大报告指出要"构建全国统一大市场，深化要素市场化改革，建设高标准市场体系。完善产权保护、市场准入、公平竞争、社会信用等市场经济基础制度，优化营商环境"，推进高水平对外开放，"合理缩减外资准入负面清单，依法保护外商投资权益，营造市场化、法治化、国际化一流营商环境"。新发展阶段、新发展理念和国内国际双循环新发展格局要求，全面深化国际一流营商环境建设。在国际层面上，国际经贸规则重构、疫情冲击、全球通胀压力等也对我国构建国际一流营商环境提出了新内涵和新要求。

上海作为国务院确定的营商环境创新试点城市之一，要瞄准最高标准、最佳水平先行先试，为全国提供更多可复制可推广的改革经验。2021 年 9 月 8 日，国务院常务会议部署在上海等六个城市开展营商环境创新试点，聚焦市场主体和群众关切，对标国际先进水平，进一步深化"放管服"改革，具体涵盖了推动建设统一开放、竞争有序的市场体系、进一步方便市场主体的准入和退出、提升投资和建设便利度、提升对外开放水平、创新和完善监管及优化涉企服务六个方面。根据《国务院关于开展营商环境创新试点工作的意见》，上海要瞄准最高标准、最佳水平，聚焦市场主体关切，促进营商环境迈向更高水平，激发市场活力和社会创造力，主要目标是用3—5年时间，上海营商环境国际竞争力跃居世界前列。因此，研究如何在客观准确评价营商环境和了解企业诉求的基础上，有针对性地优化上海国际一流营商环境，具有现实意义。

本书旨在根据上海加快建设具有世界影响力的社会主义现代化国际大都市的战略定位，就上海优化营商环境可对标的研究报告取其精华，以全面性、精准性、可比性、科学性等原则，构建"1+X"营商环境评价指标体系。根据国际比较评估，获得上海在营商环境方面的优势与短板。同时深入调研企业对营商环境的满意度及诉求，研究政府部门在深入推进改革中的制度瓶颈，寻找持续优化营商环境的重点领域，并提出对策建议。

第一章
"1+X"营商环境评价指标体系的构建

营商环境是企业发展的土壤，直接影响一个地区的经济繁荣程度，并最终反映在招商引资、财政税收、社会就业、经济发展等各个方面。上海要瞄准最高标准、最佳水平，力争营商环境国际竞争力跃居世界前列。首先应当研究如何客观准确地对营商环境进行评价。本书根据上海建设"具有世界影响力的社会主义现代化国际大都市"的目标定位，在吸收现有营商环境评价方法中合理成分的基础上，以全面性、精准性、可比性、科学性等原则，确立"1+X"营商环境评价指标体系。

第一节 国内外主要营商环境评价指标体系介绍

目前，国内外已有许多研究报告对全球主要国家（地区）和城市的营商环境进行评估，其中具有代表性的研究成果可以分为三类：营

商环境专项评估报告、综合性城市排名体系中的营商环境指标和聚焦
营商环境部分领域的评估报告。

一、上海优化营商环境可对标的国际城市排名梳理与评价

（一）营商环境专项评估报告

营商环境专项评估报告，专门针对营商环境设计评价指标体系，
并打分排名。目前国际上主流的营商环境评估研究是世界银行的《营
商环境报告》（*Doing Business*）[1]，其他营商专项报告还有：经济学人智
库《营商环境排行榜》（*Business Environment Ranking*）、福布斯《最适
合经商的国家和地区》（*Best Countries for Business*）、粤港澳大湾区研究
院《世界城市营商环境报告》、上海市人民政府发展研究中心和上海发
展战略研究所的《全球城市营商环境评估研究》等（见表 1-1）。

近年来，国内各类研究机构也越来越关注营商环境评估、设计评
价指标体系，并发布了一批中国城市营商环境排名。2018 年，国家
发改委牵头，按照国际可比、对标世行、中国特色原则，构建了中国
营商环境评价指标体系，成为我国第一个在政府层面推行的营商环境
评价指标体系，目前已在 22 个城市开展了试评价。经国务院同意，

---

[1] 自 2003 年世界银行发布第一期《营商环境报告》以来，连续 17 年每年发布一期《营
商环境报告》，对全球主要国家（地区）的营商环境进行评估和排名。在 2021 年 9 月
16 日，世界银行决定停发《营商环境报告》，并宣布将构建新的评估体系来评价各经
济体的商业和投资环境。2022 年 2 月 4 日发布新版标准（*Business Ready Project*，简
称 "B-READY"）概念说明的征求意见稿，并于 12 月发布 B-READY 概念说明的修订
版，2023 年 5 月发布 B-READY 方法论手册及手册和指南。

《中国营商环境评价实施方案（试行）》已经印发实施，2019年在全国40个城市开展营商环境评价。[1]

表1-1　营商环境专项评估报告

序号	主要营商环境评价报告	样本范围	主要评估指标
（1）	世界银行（The World Bank）《营商环境报告》（*Doing Business*）	对全球190个经济体的营商环境进行打分排序，2003年发布第一份全球营商环境报告（*Doing Business 2004*）	10项一级指标（开办企业、办理施工许可证、获得电力、登记财产、获得信贷、保护中小投资者、纳税、跨境贸易、执行合同和办理破产），二级指标41项
（2）	经济学人智库（EIU）《营商环境排行榜》（*Business Environment Ranking*）	对全球82个经济体营商环境的吸引力进行打分排名，每5年发布一次	涵盖政治环境、宏观经济环境、市场机会、自由竞争政策、外商投资政策、国际贸易及外汇管制、纳税、金融、劳动力市场、基础设施等领域的91项指标
（3）	福布斯（Forbes）*Best Countries for Business*	对全球161个经济体的营商环境进行排名	贸易自由、货币自由、产权、创新、技术、程序繁琐程度、投资者保护、腐败、个人自由、税负
（4）	粤港澳大湾区研究院《世界城市营商环境评价报告》	世界人均GDP以及GDP总量排名靠前和经济总量排名靠前国家的25个城市，另加上中国香港、北京、上海、广州、深圳，共30座城市	软环境（权重20%）、生态环境（权重15%）、市场环境（权重20%）、商务成本环境（权重10%）、社会服务环境（权重15%）、基础设施环境（权重20%）
（5）	粤港澳大湾区研究院《中国城市营商环境评价报告》	选取中国直辖市、副省级城市、省会城市共35个城市	软环境（权重25%）、市场环境（权重20%）、商务成本环境（权重15%）、基础设施环境（权重15%）、生态环境（权重15%）、社会服务环境（权重10%）

---

[1]　刘江会、黄国妍、鲍晓晔：《顶级"全球城市"营商环境的比较研究——基于SMILE指数的分析》，《学习与探索》2019年第8期。

（续表）

序号	主要营商环境评价报告	样本范围	主要评估指标
（6）	中国经济改革研究基金会国民经济研究所《中国分省企业经营环境指数》	中国30个省、自治区、直辖市（不包括台湾、香港、澳门、西藏、青海），已发布2007、2009、2011、2013、2017五期	政府行政管理、企业经营的法制环境、企业税费负担、金融服务、人力资源供应、基础设施条件、中介组织和技术服务、企业经营的社会环境
（7）	第一财经研究院《全国经济总量前100城市营商环境指数排名》	对中国经济总量前100城市营商环境指数排名、软环境指数TOP10排名、硬环境指数TOP10排名	硬环境指数（权重40%，包括自然环境和基础设施环境）、软环境指数（权重60%，包括技术创新环境、人才环境、金融环境、文化环境和生活环境）
（8）	中央广播电视总台《中国城市营商环境报告2018》	中国城市营商环境综合排名前十位城市榜单和7个评价维度排名前十位城市榜单	基础设施、人力资源、金融服务、政务环境、法制环境、创新环境、社会环境
（9）	上海市人民政府发展研究中心、上海发展战略研究所《全球城市营商环境评估研究》	以10座国际城市、10座国内中心城市为样本	按照企业准入前、准入中、准入后发展阶段，包括12个一级指标、36个二级指标

　　资料来源：作者整理归纳。

（二）综合性城市排名体系中的营商环境指标

　　综合性城市排名体系中的营商环境指标，主要是国际组织对城市竞争力、综合实力的评价排名中，将营商环境作为一个重要因素加以评估打分。如普华永道《机遇之都》、日本森纪念财团《全球城市实力指数排名》（GPCI）、科尔尼《全球城市指数》（GCI）、中国社会科学院城市与竞争力研究中心《全球城市竞争力报告》（GUCP）等（见表1-2）。这些排名或报告从更宽泛的角度评估了全球主要国家（地区）或城市的营商环境，但由于各个机构所采用的指标体系有所差异，因此，全球主要城市的排名也略有差异。

表1-2 综合性城市排名体系中的营商环境指标

序号	主要综合性城市排名	样本范围	营商环境相关指标
（1）	普华永道《机遇之都》（Cities of Opportunity）	全球30座主要城市，包括中国的上海和北京	开办企业、办理破产、免签证国家数量、外国使馆和领事馆数量、保护中小投资者、气候风险应对、劳动力管理风险和税收效率
（2）	日本森纪念财团都市战略研究所《全球城市实力指数排名》（GPCI）	全球44座城市，包括中国香港、北京和上海	工资水平、人力资源保障、办公空间、公司税率和政治、经济、商业风险
（3）	科尔尼（A. T. Kearney）《全球城市指数》（GCI）	全球120多座城市，包括香港、北京、上海、深圳、杭州等21座中国城市	福布斯500强公司、全球顶级服务业企业、资本市场、航运、海运、ICCA认证
（4）	IESE《城市动态指数》（Cities in Motion Index）	全球148座城市，包括中国的香港、上海、北京、深圳、杭州等城市	经济实力、人力资本、社会环境、公共管理、政府治理、流动性与交通、环境、城市规划、国际拓展、技术
（5）	中国（深圳）综合开发研究院与伦敦Z/Yen集团《国际金融中心指数》（GFCI）	对全球108个金融中心进行评估，包括上海、北京、深圳、广州、青岛、天津、成都、杭州、大连等	营商环境、金融业发展水平、基础设施、人力资本和声誉
（6）	中国社会科学院城市与竞争力研究中心《全球城市竞争力报告》（GUCP）	全球505个样本城市，包括56座中国城市。最新一期发布于2019年	营商便利度（世界银行）、犯罪率、语言多样性、税收
（7）	万事达卡《全球商业中心指数》（WCoC）	新兴市场经济体65座城市，包括中国的上海、北京、深圳、杭州等城市。最新一期发布于2019年	开办企业、获得信贷、公司税负、办理破产、雇佣劳动力、投资保护、执行合同、市场进入和退出

（续表）

序号	主要综合性城市排名	样本范围	营商环境相关指标
（8）	倪鹏飞等《中国城市竞争力报告》	中国两岸四地294个城市的综合经济竞争力和289个城市的宜居竞争力及可持续竞争力	城市综合经济竞争力指数、宜居竞争力指数、可持续竞争力指数
（9）	世界经济论坛《全球竞争力指数》（GCI）	全球140个经济体的竞争力	制度、基础设施、宏观经济、健康、技术、商品市场效率、劳动力市场、金融市场、技术就绪程度、市场规模、商业成熟度和创新

资料来源：作者整理归纳。

（三）聚焦营商环境部分领域的评估报告

聚焦营商环境部分领域的评估报告，针对营商环境某些环节进行专业评估分析的报告。如2ThinkNow《全球创新城市指数》聚焦于科技、智能、初创企业及创新者的环境，世界银行《世界治理指数》针对法治和政府治理水平，美国商会全球知识产权中心（GIPC）《国际知识产权指数》聚焦专利、商标等知识产权保护，等等（见表1-3）。不同的评估报告专门针对营商环境某个（些）特定领域的指标，更具专业性、各有侧重。

表1-3　聚焦营商环境部分领域的评估报告

序号	聚焦营商部分领域的报告	样本范围	所属领域
（1）	美国商会全球知识产权中心（GIPC）《国际知识产权指数》	从八个方面（40个指标）对全球50个经济体的知识产权保护进行评估	法律保护
（2）	世界银行《世界治理指数》（WGI）	对全球214个经济体的法治水平、反腐、政权稳定、监管质量、政府有效性等进行评估	法治政府、政务效率

（续表）

序号	聚焦营商部分领域的报告	样本范围	所属领域
（3）	世界正义工程（WJP）《法治指数》	从政府权力大小、反腐、政府公开、基本权利、监管执法、民事和刑事正义等方面，对126个经济体进行评分	法治政府
（4）	经济学人智库（EIU）《城市安全指数》（Safe City Index）	从数据安全、健康安全、基础设施安全、个人安全等方面，对全球60个城市进行评估	法律保护
（5）	世界经济合作与发展组织（OECD）《外商直接投资限制指数》（FDI Restrictiveness Index）	从外国股权投资限制、审批、关键人员限制及其他对企限制等方面对不同行业FDI限制进行测评	市场开放
（6）	美国传统基金会（The Heritage Foundation）《全球经济自由度指数》	从法治、政府规模、监管效率和市场开放等方面，对180个经济体的经济自由度进行评价	市场开放
（7）	科尼尔（A. T. Kearney）《外商直接投资信心指数》（FDI Confidence Index）	通过对500名大型企业首席执行官投资倾向的调研，测评出全球FDI最热衷的25个经济体	市场开放
（8）	2thinknow《全球创新城市指数》（Innovation Cities Index）	对全球500个基准城市科技、智能、初创企业及创新者的环境分类和排名	科技创新
（9）	世界知识产权组织、康奈尔大学、欧洲工商管理学院《全球创新指数》（GII）	从创新的投入和产出两个维度，对全球130个经济体的创新效率进行测评	科技创新
（10）	德勤《全球金融科技中心报告》	对全球44座城市的全球金融中心指数，营商指数和创新指数进行评估，包括中国香港、深圳和上海等	科技创新
（11）	瑞士洛桑国际管理发展学院（IMD）《世界人才报告》（Talent Ranking）	通过投入与发展、吸引力和就绪度三个方面因素来描述人才格局	人力资源
（12）	联合国《在线政府调研》（E-Government Survey）	从电信基础设施、人力资源和在线服务，构成在线政府法治指数（EGDI）	信息化

资料来源：作者整理归纳。

二、世界银行《营商环境报告》评价指标体系及其局限性

（一）世界银行《营商环境报告》的评价指标体系

从 2003 年起，世界银行对全球 100 多个经济体的营商便利度进行打分排序，是目前专门针对营商环境评价最具影响力的研究报告，至今已公布了 17 期。根据世界银行《2020 年营商环境报告》，中国排名较 2019 年报告相比提升 15 位，跃居全球第 31 位。《营商环境报告》测评的上海（占总分权重 55%）和北京（占总分权重 45%）两座城市，在过去一年中，为改善中小企业营商环境实施的改革数量创纪录，世行官员盛赞中国相关领域改革"令人惊叹地快速且有效"。[1]

世界银行营商环境评价的指标体系，共涉及一级指标 12 个（其中10 项纳入营商难易度排名）、二级指标 44 个，贯穿了一个企业从初创设立到破产终止的整个生命周期。主要从"程序便利程度"与"法律保障力度"两个维度来评估一个经济体的营商环境。一类衡量指标是关于监管程序便利程度（开办企业、办理施工许可、获得电力、登记财产、纳税和跨境贸易等 6 个指标）；另一类是关于营商监管法律保障的力度（获得信贷、保护投资者、执行合同、办理破产、劳动力法规等 5 个指标）。另有，劳动力市场监管和政府采购 2 个观察指标，不计入排名。

（二）世界银行《营商环境报告》评价指标体系的不足之处

世界银行《营商环境报告》无疑是全球主流的营商环境评价体

---

[1] 鲍晓晔、刘江会、黄国妍：《上海进一步优化营商环境的思考——基于〈世界银行营商环境评价报告〉》，《上海商业》2019 年第 1 期。

系,但世行指标测度的是国家层面的营商环境,如果要对全球主要城市的营商环境进行分析比较,则该世行指标的适用性存在不足:

第一,世行的调研对象仅限内资中小制造业企业,未考虑大公司尤其是跨国公司对营商环境的要求,不能完全反映上海加快建设具有世界影响力的社会主义现代化国际大都市的定位。跨国公司对营商环境的关注点与中小企业会有所不同,更加关注城市是否能够提供企业在全球配置资源的要素支撑,包括链接全球产业链的能力、在全球城市网络体系中的连通性,以及制度体系是否与国际准则相衔接等。[1]

第二,评价尺度过"窄",主要针对企业开办与经营过程,忽略了企业在进入市场前对当地营商环境的主要关注点。许多重要指标如经济体量、成长性、潜在的商业机会、要素(人才、资金)的可得性、公共服务设施空间可达性、环境资源的承载力、法治环境中的知识产权保护、政府监管环境中的政商关系等未考量。[2]

从综合性来看,世行营商环境指标并未度量关于一国(或地区)广义的、综合性的营商环境的所有影响因素,例如治安状况、宏观经济水平、腐败、劳动力水平、基础设施建设、金融体系等都未被统计。

从全面性来看,一味提高世行营商环境指标排名并不意味着营商环境的改善。政策制定者不能仅仅以世行指标来设计该国(或地区)的营商监管改革。在过去15年中,大部分国家(或地区)的改革都是在更广泛层面上的,旨在提升经济竞争力。这在世行对哥伦比亚、

---

[1][2] 刘江会、黄国妍、鲍晓晔:《顶级"全球城市"营商环境的比较研究——基于SMILE指数的分析》,《学习与探索》2019年第8期。

拉脱维亚、卢旺达等的专项案例分析报告中都有体现。

第三，评价指标没有反映出当今金融与科技融合发展，及因此导致企业融资环境的变化。世行评价指标体系主要是对传统经济下，企业进入市场的情况进行评估，反映了企业生命周期各环节的运行效率。但实际上，金融和科技的融合程度，对企业的融资环境具有重要的影响。利用金融创新，高效、可控地服务于初创企业的新金融业态和新产品，例如天使投资、风险投资和 PE、公司创投、科技银行等因素对初创企业的金融支持。[1]

第四，部分指标主观性较强。世行营商环境的评估体系及其极其庞杂而精细，包含了 11 个领域中的数百个指标，英文问卷厚达几百页。尤其是在"获得信贷""保护中小投资者""执行合同""办理破产"这些涉及法律保护力度的指标上，都基于复杂案例假设或具体场景提出问题。例如，在"保护中小投资者"指标中，在某些场景中，问卷假设"买方"是一家形式为"private limited companies"或具有同等功能的实体，该公司的股票无法在证券交易所上市交易。而在某些场景中，问卷假设"买方"是一家"publicly traded listed corporation"或具有同等功能的实体，发行的股票能够公开交易，上市地点是受访者所在国家最大的证券交易所。[2]并且就上市公司部分的问题又进一步提出了具体的假设和问题。受访者囿于时间与精力，往往无法逐一细致研判，凭借自己的经验和直觉

[1] 刘江会、黄国妍、鲍晓晔：《顶级"全球城市"营商环境的比较研究——基于 SMILE 指数的分析》，《学习与探索》2019 年第 8 期。

[2] 薛峰、罗培新：《关于世界银行全球营商环境评估的几个问题》，《中国工商报》2018 年第 8 期。

作出判断。

第五,非英语国家在互译时偏离本意。测评问题和法律条文在中英互译过程中可能偏离了本意,专用术语的定义和内涵并不相互对等。例如,世行营商环境报告的调研对象仅限于"limited liability company"。其对解释说明中,将"limited liability company"定义为"一家有限责任公司或者具有同等职能的公司"(即一种不同的、更简化的、且不能向公众发行股份的公司),类似于国外的"封闭公司"(close company)或者"私人公司"(close company)。此类商事形态并不完全等同于我国《公司法》中的有限责任公司,更接近于有限责任公司以及非上市股份有限公司。再如,世行调研要求提供的法律规定,在我国并不限于法律,而是一个体系,既包括全国人大及其常委会颁布的法律,又包括国务院行政法规、部门规章,还包括北京和上海的地方性法规,政府规章,另外还应包括国家和地方发布的一系列规范性文件,还有最高法院的司法解释等。

因此,仅参照世行标准来优化营商环境显然是不够的,对于加快建设具有世界影响力的社会主义现代化国际大都市的上海以及北京等国内城市而言,更不能按照世行指标"削足适履"。

三、世界银行新版营商环境评价体系(B-READY)改革

(一)B-READY改革的背景与目的

在旧版标准存在缺陷与顺应时代变革要求的双重影响下,2021年9月16日,世界银行决定停发旧版《营商环境报告》,并宣布将构建新的评估体系来评价各经济体的商业和投资环境。2022年2月4

日发布新版标准（*Business Ready*，简称"B-READY"）[1] 概念说明的
征求意见稿，并于 12 月发布 B-READY 概念说明的修订版，2023 年
5 月发布 B-READY 方法论手册及手册和指南。针对旧版《营商环境
报告》评价体系中调研对象单一、评价方式较为主观、评价尺度过窄
等问题，B-READY 在多个方面进行了改革和完善。B-READY 将不
仅从单个公司的经营便利性的角度，而且从整个私营部门发展的角度
来评价营商环境。指标体系也将更为全面平衡，既评估企业的监管负
担，又观测企业生命周期中的监管质量和相关公共服务的提供情况。
同时，B-READY 还将在调研法律法规的基础上，收集反映实际执行
情况的事实数据。

根据 B-READY 概念说明，世界银行开展 B-READY 评价的目标
在于，为私营部门的发展提供一个营商环境的定量评估。具体而言，
B-READY 的细化数据和总结报告将旨在实现三方面的目的：（1）倡
导政策改革；（2）为具体的政策建议提供信息；（3）为发展政策研究
提供数据。

首轮 B-READY 的全球测评在 2023 年 1 月启动，我国大陆地
区属于第二批，计划于 2023 年 10 月起开展企业调研、2024 年 4 月
开展专家测评。就其深度和广度，B-READY 将成为评价营商环境
国际竞争力最重要的标准之一，也是上海对标的重要国际参考指
标。但 B-READY 不包含市场规模、交通等基础设施联通等宏观数
据，也没有将知识产权保护、企业商务成本、人才吸引力等因素考

---

[1] 世界银行在 2022 年 2 月 4 日发布营商环境新版评价标准时使用的名称为 *Business Enabling Environment*（简称"BEE"），之后于 2023 年 4 月更名为 *Business Ready*。

虑在内。

（二）B-READY 指标体系的内容

B-READY 指标体系共有 10 个一级指标，涵盖企业开业、运营、关闭整个生命周期，具体包括：市场准入（Business Entry）、获取经营场所（Business Location）、接入公用基础设施（Utility Connections）、雇佣劳动力（Labor）、金融服务（Financial Services）、跨境贸易（International Trade）、纳税（Taxation）、争端解决（Dispute Resolution）、市场竞争（Market Competition）和办理破产（Business Insolvency）。每个一级指标都会从监管框架质量、公共服务和政务效率三个维度进行测评。

1. 市场准入

作为企业创办与运营的第一关，开办企业依旧是 B-READY 的关键评估内容。在世行旧版标准仅考察开办企业效率的基础上，B-READY 的"市场准入"指标新增"市场准入的监管质量""数字化公共服务和企业信息透明度"两项内容。在政策及法律上，要求建立安全性审查、反洗钱规则、消除外商投资限制。在公共服务上，评估全程网办、各政府部门信息互通和信息线上公开。该指标还增加了国际视角的考察维度，测评对象不仅包括内资企业，还包括外资企业。旧版标准"开办企业"指标评价在评价中国的营商环境时，以上海和北京为样本城市，指标权重分别为 55% 和 45%。B-READY "市场准入"指标的调研范围将进一步扩大，具体城市待定。

B-READY "市场准入"一级指标下共有 3 个二级指标（见表 1-4）：

一是市场准入的监管质量。"市场准入的监管质量"为新增指标，重在考察市场准入的良好监管做法、行业准入限制等。该指标的数据通过律师、公证员、会计师、税务顾问等专家咨询进行收集，并通过案例研究得到证实。下设两个三级指标，即企业注册的良好监管做法和对企业市场准入的限制。

二是数字化公共服务和企业信息透明度。"数字化公共服务和企业信息透明度"是第二个新增的考察领域，主要用于衡量为企业家提供数字化公共服务的情况。该指标下设三个三级指标，企业开办和运营的线上可办程度、企业开办和运营的信息互通性以及企业信息的在线获得性和透明度。

三是开办企业的便利度。"开办企业的便利度"以之前旧版标准"开办企业"指标为基础，重点反映前两组指标对市场准入的影响。衡量企业完成开办和正式运营所经历的外部审批流程所花费的时间和成本。

表 1-4　B-READY "市场准入" 指标构成、依据和测评方式

一级指标	二级指标	三级指标	依　据	测评方式	
市场准入	市场准入的监管质量	企业注册的良好监管做法	·贸易法委员会企业登记指南和原则 ·企业登记论坛（CRF）的年度刊物 ·金融行动特别工作组（FATF）的标准 ·DECIG 以前对企业登记注册良好做法	专家打分	通过专家（律师、公证人、会计师和税务顾问等熟悉市场准入监管框架的主体）咨询进行收集，并通过案例研究得到证实
		对企业市场准入限制	·经合组织关于境外直接投资限制和市场准入的研究 ·企业登记论坛（CRF）的年度刊物 ·DECIG 的研究 ·《跨国投资报告》	专家打分	

（续表）

一级指标	二级指标	三级指标	依　据	测评方式
市场准入	数字化公共服务和企业信息透明度	企业开办和运营的线上可办程度	该指标通过考察为创业者提供数字化公共服务的情况，对市场监管部门及相关机构的电子政务系统做出评估 ·电子政府服务系统是否能够验证企业名称的唯一性 ·是否覆盖全部企业登记注册流程 ·与公司登记注册有关的费用能否线上支付 ·是否有电子签章、数字ID、记录企业所有权信息的电子档案 ·是否有统一的企业注册登记程序 ·是否综合了环境许可相关要求	专家打分	向所有参与市场准入过程的人士/专家收集，并利用市场监管部门的行政数据加以证实
		企业开办和运营的信息互通性	该指标主要评估企业开办和运营过程中涉及的市场监督管理部门、税务部门、社保部门等政府部门之间是否实现数字信息的跨部门交流。通过打通或者统一相关部门的数据库，可以减少向多个部门提交相同的企业基础信息导致的信息错误风险，并减轻相关部门的行政管理负担	专家打分	
		企业信息的在线获得性和透明度	该指标评估市场监管部门网上信息的透明度和获得性 ·市场监管部门是否公开企业名称、董事及股东姓名等信息的查询渠道 ·开办和运营公司所需的费用、要求和所需文件（包括获取渠道、环境许可要求）是否能在官方网站上轻松获取 这些举措增加了信息透明度，减少了信息不对称，有助于企业做出适当的商业决策	专家打分	
	开办企业的便利度	开办和运营企业的审批流程的时间和成本	如公司名称核准、企业注册登记、税务登记、增值税登记、雇主和雇员登记，以及其他在实际操作中并不常见但在某些经济体中所必需的步骤，如需要一般经营许可证、市政登记或第三方专业机构介入参与	专家打分	调研熟悉企业开办过程的专业人士（律师、公证人、会计师、税务顾问）

资料来源：World Bank（2022）。

2. 获取经营场所

B-READY"获取经营场所"保留了世行旧版标准"办理建筑许可"和"登记财产"两项指标考察的大部分内容,但在评价内容、评价对象、数据采集方式等方面做了进一步拓展。新增了不动产租赁的监管框架质量、办理环境许可便利度、绿色建筑监管措施等领域。"获取经营场所"下设 3 个二级指标,不动产租赁、财产所有权和城市规划的监管质量(监管框架质量),公共服务的质量和信息的透明度(公共服务)以及在实践中获得商业地点的效率(政务效率)(见表 1-5)。该指标的数据采集方式也更丰富。法律指标将通过与律师、公证员等专家协商并结合案例研究收集;事实指标的数据通过专家咨询和公司层面调查收集。

表 1-5 B-READY"获取经营场所"指标构成和测评方式

一级指标	二级指标	三级指标	测评方式
获取经营场所	不动产租赁、财产所有权和城市规划的监管质量(监管框架质量)	土地管理的良好监管做法	专家打分
		建筑法规和环境许可证的良好监管做法	
		对财产租赁和所有权的限制	
	公共服务的质量和信息的透明度(公共服务)	财产交易服务的互操作性	专家打分
		不动产在线信息的可用性	
		建筑许可和环境许可的在线服务的可用性	
		建筑许可系统的互操作性	
		建筑许可证和环境许可证的信息透明度	
	在实践中获得商业地点的效率(政务效率)	购买房产的时间和成本	专家打分 / 企业调查
		获得入住许可的时间和费用	
		获得建筑许可的时间和费用	
		获得环境相关许可的时间和成本	

资料来源:World Bank(2022)。

3. 接入公用基础设施

"接入公用基础设施"指标，评估在一个经济体内接入电力、水和互联网的法规的质量（监管框架质量），公用事业服务的绩效和透明度（公共服务），以及实际提供公用事业服务的效率（政务效率）。在旧版标准"获得电力"指标基础上，新增用水、互联网连接两大领域（见表1-6）。

监管框架质量评估将全面考虑不同场景和客户类型，通过涵盖私营和公共部门专家的数据收集，具体测评服务供应法规、公用设施连接安全性和环境可持续性。公共服务评估关注公用事业服务的绩效和透明度，主要参考国际电联、欧洲基准合作组织、经合组织等机构的标准，以服务质量、可靠性、透明度、审批程序的协调性和水电连接安全法规的执行情况为主要测评点。政务效率评估则主要通过公司层面的调查收集数据，专注于衡量公用事业法规执行和服务提供的效率，如连接的实际时间和费用，服务中断及相关损失，以及电力、水和互联网服务的可靠性，从而全面反映公用事业服务的效率和可靠性。

表 1-6 B-READY "获取经营场所"指标构成和测评方式

一级指标	二级指标	三级指标	测评方式
接入公用基础设施	电力、水和互联网的质量规定（监管框架质量）	关于电力、水和互联网有效连接部署和可靠服务供应的法规	专家打分 为衡量公用事业监管框架及服务总体状况，指标不局限于个案研究，而确定广泛参数以确保数据可比性。通过咨询私营、公共部门专家和案头研究收集数据，包括承包商、工程师、电工等，以及法律、法规和机构网站
		公用设施连接的安全性	
		公用事业连接的环境可持续性	

（续表）

一级指标	二级指标	三级指标		测评方式
接入公用基础设施	公用事业服务的绩效和透明度（公共服务）	对市政公用基础设施供应质量、可靠性和可持续性等关键绩效指标的监测	专家打分	这套指标衡量企业公用事业绩效与透明度，不局限于个案研究。数据通过咨询私营、公共部门专家收集，包括承包商、工程师等并通过案头研究相关法规加以证实
		收费和连接要求的透明度		
		市政公用基础设施服务的协同性		
	实践中提供公用事业服务的效率（政务效率）	用电、用水和互联网连接的时间	企业调查	数据将通过公司层面调查收集，以获得实际连接时间、费用及服务中断的代表性数据。代表性样本涵盖不同特征的企业，如规模、地区和部门。若调查不可行，可通过咨询私营部门专家获取数据。为确保数据可比性，将定义广泛参数
		用电、用水和互联网连接的成本		
		用电、用水和互联网服务的可靠性		

资料来源：World Bank（2022）。

4. 雇佣劳动力

"雇佣劳动力"指标从世界银行旧版标准的观察指标，变成了 B-READY 的参评指标。将涵盖不同的企业类型和工人类型，包括不同劳务合同的工人（国内劳动力、国外劳动力、永久性职位、短期合同工等）。并且权衡员工和雇主双方的利益。具体而言，该指标下设 3 个二级指标：劳动法规的质量（法规框架质量）、劳动公共服务的充分性（公共服务），以及劳动法规和公共服务的实际效率（政务效率）（见表 1-7）。

表1-7 B-READY "雇佣劳动力" 指标构成和测评依据

一级指标	二级指标	三级指标	依据
雇佣劳动力	劳动法规的质量（监管框架质量）	对工人权利的保护	·国际劳工组织公约和建议的规定，为男性和女性雇员促进安全、平等和非歧视性的工作场所环境 ·国际劳工组织规定的所有五项工作基本原则和权利
		就业保护立法	·2013年和2019年版《世界发展报告》 ·世界银行和国际劳工组织的《平衡法规以促进就业》 ·2019年报告《保护所有人：为一个多样化和多元化的工作世界分担风险》
	劳动力市场公共服务水平（公共服务）	执法机制	·劳动争议解决机制，本部分将评估向雇主和雇员提供的劳动争议解决服务 ·劳动监察部门，本部分将评估劳动监察机构的可用性、作用和范围，包括女性监察人员的作用和职责
		社会保护的可用性和覆盖面	这个指标将有选择地衡量经济中是否有普遍的基本失业保险、健康保险和养老金（非缴费型）
		就业服务	该指标评估积极的劳动力市场政策，作为促进劳动力参与和帮助工人匹配就业机会的工具，包括通过就业服务、求职援助、工作培训计划和就业补贴。该指标还衡量电子信息共享的程度、公共就业服务的数字化以及为工人提供失业保险和就业安置的一站式服务
	劳动法规和公共服务在实践中的效率（政务效率）	执行工人的权利和遵守国际劳工标准	本指标分析将嵌入工人权利的监管框架的执行情况，及劳动争议解决机制和劳动监察部门的效率
		雇用和解雇工人的成本	这一指标将确定与雇用和解雇不同类型工人有关的做法和成本。它将衡量在实践中如何执行雇用和解雇员工的程序要求
		社会保护和公共服务的效率	这个指标将衡量企业为工人的社会保护计划所承担的费用。该指标还将评估公共就业中心在实践中的使用和效果

资料来源：World Bank（2022）。

5. 金融服务

B-READY "金融服务" 指标评估在一个经济体内获取信贷、电子支付和绿色融资所需的时间、成本和程序，以及相关的法律框架和数字化服务。下设 3 个二级指标：商业借贷、担保交易、电子支付和绿色融资的监管质量（监管框架质量）、信贷基础设施信息的可及性（公共服务），以及实际接受金融服务的效率（政务效率）。

该指标保留旧版 "获得信贷" 指标中的担保法和动产融资登记系统内容基本不变，并增加 8 个新指标。首先，在监管框架质量方面，该指标将增加 3 个新指标：商业借贷、电子支付和绿色融资的最佳实践做法。B-READY "金融服务" 指标的监管框架质量关注信用报告框架质量、担保交易法规质量和动产融资登记系统多个方面。第二，信用报告框架质量方面扩充了内容（包括信用报告服务商之间的数据交换、抵押品的成本、更新频率和潜在使用数据）。第三，金融服务的效率将增加 5 个新的指标：获得贷款的便利性、登记担保权益的便利性、信贷信息共享的及时性、电子支付的便利性以及绿色金融的可得性。这些指标将针对各种规模、类型和经营部门的国内企业进行评估。最后，旧版标准的 "获得信贷" 指标只考虑企业的灵活性，而 B-READY 的 "金融服务" 指标将考虑企业灵活性和社会效益的各个方面。

6. 跨境贸易

"跨境贸易" 指标评估在一个经济体内出口货物、进口货物所需的时间、成本和程序以及相关的法律框架和数字化服务。增加了对监管框架质量、公共服务水平的考察，并将电子商务、环境可持续贸易纳入考察范围。

根据 B-READY 概念说明，BEE"跨境贸易"与旧版指标有三个主要区别。首先，旧版指标关注的是仅适用于货物的贸易法规的遵守难易程度，而 B-READY 指标将测评范围从原先的货物贸易扩大到了服务贸易领域，同时测评政府提供的监管框架和公共服务指标。此外，还将关注包括其他领域，如数字贸易、可持续贸易以及贸易中的性别平等问题。其次，B-READY 的"跨境贸易"将使用更广泛的参数，不再涉及有关贸易产品、贸易伙伴、运输方式和边境等具体假设，而是直接向企业调研，以确保所收集数据的可比性。监管框架和公共服务方面的数据收集，将通过了解的专家咨询方式，政务效率的数据通过代表性企业调查获得。因此，B-READY 方法将扩大数据的代表性。第三，B-READY 的国际贸易专题将衡量与企业灵活性和社会效益有关的方面。

7. 纳税

与旧版标准比较，B-READY 的"纳税"指标有着更丰富的内涵。囊括了旧版指标中纳税便利度、报税后流程、总税率和社会缴纳费率的大部分内容，并新增对于税收政策清晰度、稳定性、复杂度，税务审计风险管理机制，争端解决机制等评估。下设 3 个二级指标：税收法规的质量（监管框架质量）、税务管理部门提供的服务（公共服务），以及税收负担和税收制度的效率（前二者结合的实际效率）（见表 1-8）。在二级指标中，税务监管质量二级指标和税务机关服务质量二级指标的大部分内容都是新领域。此外，B-READY 还涵盖了环境保护方面的税务举措，以衡量一个经济体是否通过财政手段来限制危害环境的活动。

表1-8　B-READY "纳税" 指标构成和测评依据

一级指标	二级指标	三级指标	依　据
纳税	税收法规的质量（监管框架质量）	税收法规的质量	·税收法规的透明度和清晰度 ·能源税和碳定价
		有效税收和缴费率	·企业所得税或商业利润税 ·增值税或其他消费税 ·社会税和缴款
	税务局提供的公共服务（公共服务）	税收申报、支付和评估的电子系统	建立在税收管理诊断评估工具（TADAT）所定义的良好做法以及经合组织税收管理比较研究所概述的做法之上
		基于风险的审计	
		争端解决机制	
		税收管理的透明度	
	税收制度在实践中的效率（政务效率）	遵守税收规定的时间	衡量申报和支付三种主要税种的总时间：具体而言，准备、申报和支付利润税、增值税/销售税以及社会税和捐款的时间
		使用电子系统申报和缴税	该部分将衡量受访企业在上一个日历年是否使用了电子系统来申报和支付税款
		使用增值税现金退税机制	该部分将衡量企业在上一财政年度是否申请了增值税现金退税，如果没有，则说明背后的原因
		一般性税务审计的时间	该衡量受访企业是否发生过一般性税务审计以及审计的持续时间，从第一次与审计师互动开始，到最终审计报告发布为止

资料来源：World Bank（2022）。

8. 争端解决

在发达经济体和发展中经济体，商业争端不可避免地发生。如果这些争端不能得到充分的解决，就会给私营部门带来不利的经济结果。这使得一个运作良好的争端解决系统对于一个健康的商业环境至关重要。B-READY "争端解决" 指标将从争端解决的监管框架（监管框架质量）、争端解决的公共服务（公共服务）以及在实践中解决商业争端的便利性（政务效率）三个方面测评（见表1-9）。其中，新增对法庭诉讼流程、非诉讼纠纷解决机制的制度评估，通过企业调研是否存在司法障碍，即比较国内企业和外国企业的纠纷、私营企业和公共机构的纠纷，指出阻碍高效、公平解决纠纷的主要因素。B-READY的"争端解决"指标不仅关注立法整体质量、实际执行情况及公平性，同时，还审查特定主题如司法系统的廉正、妇女在商业诉讼中的权利等。公共服务方面将测评解决商业纠纷的充足性和质量，包括制度安排和信息通信技术（ICT）基础设施。商业纠纷解决的难易程度评估是一套综合指标，包括争端解决的可靠性、可及性和效率。

表1-9 B-READY"争端解决"指标构成和测评方式

一级指标	二级指标	三级指标		测评方式
解决商业纠纷	纠纷解决的监管框架	法庭内诉讼	专家打分	通过专家咨询收集。当地的从业人员——商业诉讼的律师——拥有对相关法律及其在实践中的应用的最佳知识。专家咨询的过程将得到案例研究的证实
		替代性争端解决机制	专家打分	
	纠纷解决的公共服务	制度框架	专家打分	商业诉讼中的律师对制度安排和信息通信技术基础设施有最好的了解，因为他们每天都在处理这些问题
		争端解决程序的数字化	专家打分	
	在实践中解决商业纠纷的难易程度	诉诸司法的障碍	企业调查	从企业和专家那里收集相关信息。关于行政数据，由于一些原因，为这些指标的目的使用这些数据将受到限制。特别是，大多数经济体都没有行政数据。此外，即使经济体提供这些数据，它们也往往没有定期更新。对行政数据可靠性的担忧进一步限制了其潜在用途
		法院审判的时间和费用	专家打分	
		决定的承认和执行	专家打分	

资料来源：World Bank（2022）。

9. 市场竞争

"市场竞争"是 B-READY 新增的一级指标，考察竞争法、公共服务和实施效率。该指标下由 3 个二级指标、8 个三级指标构成（见表 1-10），与旧版标准中的"政府采购"指标对应，但"政府采购"仅作为观察指标，没有实际参与考评，其二级指标仅由两个指标构成，且没有其他三级指标作为支撑。B-READY 的"市场竞争"指标将涵盖旨在促进更具竞争性和创新性的商业环境的监管做法和政策，同时考虑到市场的良好运作和消费者福利（社会效益），以及个别企业在公平竞争环境中的市场利益（企业灵活性）。这些指标考虑到了企业和社会效益两方面，使得指标更加全面和综合。

表 1-10　B-READY "市场竞争" 指标构成和测评方式

一级指标	二级指标	三级指标	测评方式
市场竞争	促进市场竞争的法规质量	竞争法规的质量	专家打分
		促进创新和知识产权转让（技术转让）的法规质量	专家打分
		公共合同招标条例的质量	专家打分
	促进市场竞争的公共服务	制度框架和竞争法规的执行质量	专家打分
		支持企业创新的制度框架	专家打分
		电子采购平台的透明度和交易功能	专家打分
	促进市场竞争的公共服务的实施效率	高效地实施简化的兼并审查	专家打分
		授予公共合同的时间	专家打分
		向政府承包商付款的时间和逾期付款罚金	企业调查
		市场活力和竞争行为	企业调查
		进入政府市场	企业调查
		创新	企业调查

资料来源：World Bank（2022）。

10. 办理破产

一个有效的破产框架可以确保无生存能力的公司被迅速清算，而有生存能力的公司则以可持续的方式进行有效重组。许多破产制度不适合及时有效地处理公司的重组和清算，扩大了这些公司的经济困境。在债权人回收率较高、解决时间较短的经济体中，正式破产程序内的重组在经济衰退期间发挥了周期性的作用，使公司保持了活力。B-READY"办理破产"指标下设3个二级指标：破产程序法规的质量（监管框架质量）、破产程序的机构和业务基础设施的质量（公共服务）以及实践中解决司法破产程序的效率（政府效率）（见表1-11）。B-READY"办理破产"指标的测评范围将比世行旧版标准更广。B-READY将评估破产前程序、跨境破产、微型和小型企业的专门程序、破产管理人的专长以及破产程序的机构基础设施措施等新方面。这些指标还将侧重于清算和重组程序。

表1-11 B-READY"办理破产"指标构成和测评依据

一级指标	二级指标	三级指标	测评依据
办理破产	破产程序法规的质量	破产程序的启动前和启动	·世界银行《有效的破产和债权人/债务人制度原则》 ·联合国国际贸易法委员会（UNCITRAL）《破产法立法指南》
		债务人资产的管理	
		清算和重组程序的范围	
		债权人参与	
		破产管理人的专长	
		微型企业的专门程序	
		跨国界破产	

（续表）

一级指标	二级指标	三级指标	测评依据
办理破产	破产程序的机构和业务基础设施的质量	破产法院或破产法官的专门化	指标将衡量是否有专门的破产法院或商业法院中专门处理破产事务的法官/部门，以及是否全面运作；或者破产事务是否分配给现有的商业法院。该指标还将衡量是否在系统的基础上向裁决破产事务的法官提供关于破产程序的专门培训
		法院自动化	该指标衡量电子司法系统运作的关键方面是否包括破产案件。将被衡量的其他破产特定功能包括将破产管理人或受托人纳入可使用相关法院自动化功能的群体，以及在破产中使用电子拍卖
		破产程序服务的互操作性和信息的公共可用性	该指标将衡量将破产程序纳入电子政务服务的情况，以及其与其他机构和参与破产程序的利益相关者的相互联系。它将衡量是否存在一个破产登记册，将记录所有正在进行的破产程序的信息，包括债务人信息、程序的阶段以及破产管理人信息，并向程序中的有关各方公开这些信息。该指标还将评估关于破产程序的数量和类型以及法院作出的判决的数据是否可公开获得
		破产管理人在实践中的专业知识	该指标将衡量如何任命破产专家，以及是否执行与资格和经验等选择标准有关的规则。此外，该指标将衡量是否在任命破产管理人之前系统地向其提供培训
	实践中破产程序效率	/	这套指标将衡量解决法庭内清算和重组程序的时间和成本

资料来源：World Bank（2022）。

四、其他营商环境评价报告的适用性与局限性

（一）综合性城市排名在营商环境评价中的适用性与不足

综合性城市排名评价的尺度更宽，突破了世行《营商环境报告》仅侧重评价法律和政务对企业行为和经济后果产生的影响，还涉及基础设施、市场化水平、经济发展、金融发展、社会服务、创新创业环境等其他重要的营商环境影响因素，可以全面客观反映广义的营商环境。一个城市营商环境的提升，往往需要从更广泛层面地改善其综合实力才能得以实现。

但是，综合性城市排名通常将营商环境作为评价城市综合竞争力的一个子项目。主要缺陷在于，选取的评价指标较单一，并未对城市的营商环境做全面详尽的分析，因而也无法从中得知一座城市营商环境的优势和短板何在。例如，普华永道发布的《机遇之都》研究报告对全球 30 座城市的营商环境进行了测评，其所涉及的具体指标仅包括：开办企业、办理破产、免签证国家数量、外国使馆和领事馆数量、保护中小投资者、气候风险应对、劳动力管理风险和税收效率等 8 个指标。而森纪念财团发布的《全球城市实力指数》报告，对营商环境的评价仅涉及工资水平、人力资源保障、每个办公室的办公空间、公司税率和政治、经济、商业风险等指标。

（二）聚焦特定领域的评估报告在营商环境评价之适用性与不足

一方面，聚焦营商环境特定领域的评估报告更具有专业性，在特定的具体问题研究上更深入和精准。由专业机构研发并实施，指标体系设计不在于"全"、而在于"精"。例如，美国商会全球知识产权中

心（GIPC）《国际知识产权指数》围绕专利、商标、著作权、商业秘密、知识产权资产商业化、执法、系统效率等八个方面（40个二级指标），对全球50个经济体的知识产权保护水平进行了深入又全面地评估。通过解读该报告，可以更加客观地了解一国（地区）的知识产权保护现状，横向比较在全球所处的水平，并找到自身在知识产权保护方面的差距所在。

另一方面，在数据可得性和国际比较可行性上具有优势。营商环境是涵盖诸多领域的系统工程，要准确、全面反映营商环境的真实情况，尤其在全球各大城市间的国际比较方面，在相关数据的可得、完整、可比上有相当高的要求。许多国际知名的综合性城市排名亦是大量采用了各类专业评估报告数据，作为综合排名的二级或三级分项指标。例如，中国（深圳）综合开发研究院与伦敦Z/Yen集团《国际金融中心指数》（GFCI）就使用了世界银行的《世界治理指数》、Lloyd's的《城市风险指数》、Mercer的《宜居城市排名》、2ThinkNow的《全球创新城市指数》等专业报告中的100多个指标。

在营商环境评价上适用聚焦特定领域的评估报告，难点在于——如何从分散的各类评估指标中"取其精华"地选择可用于营商环境评估的研究。因此，首先要正确界定"营商环境"的内涵和外延，在此基础之上，有针对性地选择特定领域的专业评估报告。

第二节 "1+X"营商环境评价指标体系的构建原则

"营商环境"，是关于企业从开办、经营到终止的整个生命周期的环境，包括影响企业活动的政务环境、法律保护和市场环境等方面，是一项涉及经济社会改革和对外开放众多领域的系统工程。[1] 根据上海加快建设具有世界影响力的社会主义现代化国际大都市的目标定位，对标伦敦、纽约、新加坡、中国香港等国际主要城市，需要在吸收现有营商环境评价方法中合理成分的基础上，在更宽领域和更大范围优化上海的营商环境。本书根据全面性、精准性、可比性、科学性等原则，确立"1+X"营商环境评价指标体系。

一、全面性原则

本书在世界银行《营商环境报告》的基础上，采用更宽领域和更大范围的评价指标体系。一是决定一个企业是否在当地投资、开办和经营的，不仅仅是每个微观企业在生产经营各环节行政程序的效率和成本，而是更加宏观的经济状况和市场环境。因此，许多重要指标如经济体量、成长性、潜在的商业机会、要素的可得性等，需要纳入考量。二是根据上海加快建设"具有世界影响力的社会主义现代化国际大都市"的目标定位，测评对象应当既包括内资中小企业也包括外资企业。在目前对外商投资实施国民待遇和负面清单管理模式下，外资通常关注当地的制度体系是否与国际准则相衔接、城市是否能够提供企业在全球配置资源的要素支撑等。三是对于企业发展的不同阶段（即准入前、准入中和准入后）全面地进行考量。

---

[1]　王敏：《营商环境——城市竞争力新指数》，《广西城镇建设》2017 年第 9 期。

二、精准性原则

目前，第三方机构研发的营商环境评价体系数量不少，但绝大部分都是全行业通用指标，没有考虑到不同类型企业的诉求。世行标准亦不区分行业且仅针对内资中小企业。因此，应试型地对标世行标准实施改革，对上海的一些企业而言获得感不强。本书旨在构建一套有针对性、分类别的精准评价体系。针对上海特色产业或重点发展行业（如跨国公司、民营中小企业、先进生产性服务业、科技创新企业）的企业对营商环境的不同诉求和关注点，有针对性地设计评价指标体系。

三、可比性原则

本书选取的营商环境评价指标具有国际可比性。各项指标与数据均来自国际权威机构与组织的报告或数据库，主要来源包括世界银行、OECD、世界知识产权组织、世界经济论坛、国家统计局、中国社会科学院、经济学人杂志、福布斯、森纪念财团、IMD、Numbeo（评估世界各大城市和国家生活水平的最大数据库）、普华永道、德勤、DHL（敦豪）等国际组织、政府机构和权威专业机构发布的数据和报告，并且基于可量化的权威数据和指标，横向评估比较全球主要城市的营商环境。

四、科学性原则

借鉴国外在统计指标体系设置上的先进经验和主要做法，从营商环境具备哪些影响要素的"应然"出发，根据各指标之间的逻辑关系和权重，客观合理地选取、整理和计算指标数据，测评全球主要城市营商环境的"实然"水平，根据上海城市功能定位寻找营商环境的优势、短板、难点和痛点，据此为城市提升营商环境提供科学有效地对此建议。

第三节　"1+X"营商环境评价指标体系的框架

以"营商环境"的内涵为逻辑起点，定位于上海加快建设具有世界影响力的社会主义现代化国际大都市的目标，营商环境指标体系的构建应当更贴近企业、切近市场。既测评企业在整个生命周期对外部条件和要素的需求，也充分考虑到不同类企业对营商环境的诉求。从政务效率、法律保护和市场环境三大方面，构建"1+X"更为精确的营商环境评价体系，有针对性地检查营商环境，找到上海的优势和短板。

"1"是全行业通用指标；"X"是上海特色产业或重点发展行业的评价指标（如跨国公司、民营中小企业、先进生产性服务业、科技创新企业等）。

一、"1"通用指标

在"1+X"营商环境指标体系中，"1"代表全行业通用指标，即各行业、不同规模和所有权属性的企业通用的营商环境指标。

"1"通用指标，由政务效率和法律保护2个一级指标、11个二级指标和44个三级指标构成。在世界银行《营商环境报告》10项指标的基础上，增加了1项二级指标"知识产权保护"。

(一) 政务效率

一级指标"政务效率"，评估一家企业办理各类行政程序的便利度和成本，包含"开办企业""办理施工许可""获得电力""财产登记""纳税"和"跨境贸易"6个二级指标。

"开办企业"，衡量一个有限责任公司从注册到正式运营所需办理的行政程序效率，通过评估手续（个）、时间（天）、费用（占人均收入%）和最低注册资本金（占人均GDP%）四个方面计算得分。分数越高，越有利于新企业的开办，提升营商环境质量。

"办理施工许可"，从房屋建筑开工前所有手续办理的程序（个）、时间（天）、费用（占人均收入%）和建筑质量控制指数（0—15）四个方面评估建筑行业的企业建设仓库的效率和成本。办理施工许可的难易程度，与企业是否能够便利地获得营业、工作、生产场地相关联。

"获得电力"，从办理接入电网手续所需的程序（个）、时间（天）、费用（占人均收入%）和供电稳定性和收费透明度指数（0—8）四个方面评估企业为一个标准化仓库获得永久性电力连接的所有手续的效率。得分越高，表明企业获得必要的基础设施（如通电）越便利。

"财产登记"，评估一个企业（买方）从另一个企业（卖方）购买不动产，并转移产权所需的程序（个）、时间（天）、费用（财产价值%）和土地管控系统质量（0—30）。

"纳税",从纳税的次数(次)、所需时间(天)、各种税项和强制性派款(占商业利润的%)和报税后程序指标(0—100)四个方面,评估一家中型企业因缴纳税款及纳税合规而产生的行政负担。企业的纳税越便利、税负越低,企业能更有效运作。

"跨境贸易",从进出口时间(小时)和成本(美元),衡量进出口货物的物流过程效率。企业进出口货物所需的时间越短、成本越低,更有利于跨境贸易的实施。

(2)法律保护

一级指标"法律保护",衡量一个城市对企业利益相关者的法律保障力度,由"获得信贷""执行合同""保护中小投资者""办理破产"和"知识产权保护"5项二级指标构成。

"获得信贷",通过合法权利指数(0—12)和信用信息系统指数(0—12)2个三级指标,衡量担保贷款借贷双方合法权利的保护,涉及担保法与信用体系建设。在企业与银行间的担保贷款关系中,对于担保债权人即贷款人的保护力度越强,越容易使企业获得信贷资金。

"执行合同",从当地初级法院解决商业纠纷的时间(天)、成本(占债务%)和司法程序质量指数(0—30),来评估法院系统对企业纠纷解决的质量和效率。得分越高,司法程序的效率越高、成本越低。

"保护中小投资者",衡量在利益冲突的情况下中小股东的法律保护和在公司治理结构中股东权利,包含披露程度指数(0—10)、董事责任程度指数(0—10)、股东诉讼便利指数(0—10)、股东权利保护指数(0—10)、所有权和控制权保护指数(0—10)和公司透明指数

（0—10）。

"办理破产"，通过回收率（每美元美分数）和破产框架力度（0—16）2项三级指标，研究企业破产程序效率和法律框架。破产回收率高低，及对破产债权人的保护强弱，都会对与企业相关联的债权人产生作用，从而间接影响企业营商。

"知识产权保护"，对专利保护（0—100）、著作权保护（0—100）、商标保护（0—100）、商业秘密保护（0—100）、知识产权资产商业化（0—100）、执法（0—100）、系统效率（0—100）这七个方面进行加总。知识产权保护对于企业的经营和发展至关重要，直接影响是对企业自身专利、商标、商业秘密等的保护，间接影响是通过保护知识产权从而促进更多更好的技术创新、产品研发、自主品牌等。

表1-12 "1"营商环境全行业通用指标

一级指标	二级指标	三级指标（单位/标准）
政务效率	开办企业	办理程序（个）
		办理时间（天）
		费用（占人均收入的%）
		最低注册资本金（占人均GDP%）
	办理施工许可	房屋建筑开工前所有手续办理程序（个）
		房屋建筑开工前所有手续办理时间（天）
		房屋建筑开工前所有手续费用（占人均收入%）
		建筑质量控制指数（0—15）
	获得电力	办理接入电网手续所需程序（个）
		办理接入电网手续所需时间（天）
		办理接入电网手续所需的费用（占人均收入%）
		供电稳定性和收费透明度指数（0—8）

（续表）

一级指标	二级指标	三级指标（单位/标准）
政务效率	纳税	公司纳税次数（次）
		公司纳税所需时间（天）
		税及派款总额（占商业利润%）
		报税后程序指标（0—100）
	跨境贸易	出口时间：边界合规和单证合规（小时）
		出口成本：边界合规和单证合规（美元）
		进口时间：边界合规和单证合规（小时）
		进口成本：边界合规和单证合规（美元）
	财产登记	产权转移登记所需程序（个）
		产权转移登记所需时间（天）
		产权转移登记所需费用（财产价值%）
		土地管控系统质量（0—30）
法律保护	保护中小投资者	披露程度指数（0—10）
		董事责任程度指数（0—10）
		股东诉讼便利度指数（0—10）
		股东权利保护指数（0—10）
		所有权和控制权保护指数（0—10）
		公司透明度指数（0—10）
	获得信贷	合法权利指数（0—12）
		信用信息系统指数（0—12）
	执行合同	解决商业纠纷的时间（天）
		解决商业纠纷的成本（占债务%）
		司法程序质量指数（0—30）
	办理破产	回收率（每美元美分数）
		破产框架力度（0—16）
	知识产权保护	专利保护（0—100）
		著作权保护（0—100）
		商标保护（0—100）
		商业秘密保护（0—100）
		知识产权资产商业化（0—100）
		执法（0—100）
		系统效率（0—100）

二、"Xp"民营中小型企业指标

"Xp"民营中小型企业指标，由法律保护和市场环境2个一级指标、6个二级指标和18个三级指标构成。"1+Xp"共同构成了民营中小型企业的营商环境评价指标体系，二者合计3个一级指标、17个二级指标和62个三级指标。

（一）法律保护

民营企业尤其是中小型民营企业，需要政府的公开和公正，"玻璃门""弹簧门"会剥夺中小企业参与公平竞争的权利和机会。据此，一级指标"法律保护"在"1"通用指标的5项法律保护二级指标基础上，增加1项二级指标"法治政府"。

"法治政府"，包括政府透明度和反腐2项三级指标构成，数据均源于世界银行《世界治理指数》。政府透明度衡量政府公开程度，该指标的得分在0—1之间，分数越靠近1，说明政府透明程度越高。反腐指标的分数在–2.5（弱）至2.5（强）区间，得分越高说明反腐力度越强，政府越稳定，对营商环境越有利。

（二）市场环境

民营企业具有灵活、随市场而变、对成本敏感、融资困难、人才缺乏等特征。一级指标"市场环境"需要涵盖"市场化水平""商务成本""资金可得""人力资源"和"基础设施联通"等五个方面。

"市场化水平"，由政府与市场间的关系和政府权力大小2个三级指标构成。通过财政支出占当地 GDP 的比重测评政府与市场间的关系。政府权力大小选取世界正义工程《法治指数》中的数据，分值在 0—1 区间，得分越高，说明政府权力越受到束缚。

"商务成本"，由用地成本、水电成本和劳动力成本 3 个三级指标构成，反映了企业在开办和经营过程中由于需要使用场地、正常运行、雇佣员工等必不可少的开支，高昂的商务成本会严重影响企业整体运行成本，降低企业利润水平，使民营企业难以维系。

"资金可得"，通过资金成本、流向私营领域的银行信贷资金和金融市场发展水平三个方面，分别评估民营企业获得融资的成本、银行信贷对民营企业的支持力度和通过各类融资渠道融资的可能性，从而得出民营企业是否资金可得的环境。

"人力资源"，包含生活成本、技术工人数量、受高等教育人数和劳动人口。成活成本指标选取 Numbeo 的成活成本指数，以纽约（100 分）为参照进行计算，得分越高生活成本则越高，从而影响对人才的吸引力。技术工人数量、受高等教育人数和劳动人口分别采用瑞士洛桑国际管理发展学院《世界人才报告》和普华永道《机遇之都》，用以评估人力资源是否充分。

"基础设施联通"，主要采用港口吞吐（TEU）、铁路运输（km）、通勤指数（分钟）和上网速度（Mbps）四个指标，综合判断一个城市交通和通信的联通性。

表 1-13　"X"民营中小型企业营商环境指标

一级指标	二级指标	三级指标（单位/标准）
法律保护	法治政府	政府透明度（0—1）
		反腐（-2.5—2.5）
市场环境	商务成本	用地成本（1—30）
		水电成本（0—1）
		劳动力成本（以纽约为 100 参照进行打分）
	市场化水平	政府与市场的关系（财政支出占当地 GDP 的比重）
		政府权力大小（0—1）
	资金可得	资金成本（%）
		流向私营领域的信贷资金（%GDP）
		金融市场发展水平（得分）
	人力资源	生活成本（以纽约为 100 参照进行打分）
		技术工人数量（0—10）
		受高等教育人数（1—30）
		劳动人口（1—30）
	基础设施联通	港口吞吐（TEU）
		铁路运输（km）
		通勤指数（分钟）
		上网速度（Mbps）

三、"Xi"跨国公司指标

"Xi"跨国公司指标，由法律保护和市场环境 2 个一级指标、10 个二级指标和 26 个三级指标构成。"1+Xi"共同构成了跨国公司的营商环境评价指标体系，二者合计 3 个一级指标、20 个二级指标和 70 个三级指标。

（一）法律保护

跨国公司在外国投资，十分关注东道国及其城市的安全和稳定。

因此,一级指标"法律保护"在"1"通用指标的 5 项法律保护二级指标基础上,增加 2 项二级指标"法治政府"和"城市安全"。

"法治政府",由政府透明度、反腐和政权稳定及反恐 3 项三级指标构成。政府透明度衡量的是政府公开程度,分数越高,说明政府透明程度越高。反腐指标和政权稳定及反恐的数据源于世界银行《世界治理指数》,分数在 –2.5(弱)至 2.5(强)区间,反腐力度越强、政府越稳定,对营商环境越有利。

"城市安全"主要由 1 项三级指标犯罪率构成。该指标选取 Numbeo 犯罪指数(0—120),得分越高,犯罪率越高,城市越不安全。

(二)市场环境

跨国公司最关心的问题是——市场是否能够自由进入、在当地是否会被公平对待、资金是否能够自由流通、人员是否可以自由流动。一级指标"市场环境",以跨国公司为研究对象,设计"外资市场准入""公平贸易""市场规模与市场潜力""资金融通""人才流动""吸引人才"和"国际间基础设施联通"7 项二级指标,评价跨国公司相关的硬性条件、制度环境、宏观经济环境等。

"外资市场准入",主要考虑企业在进入市场前所受到的制度性约束条件。包含 OECD 外商直接投资限制指数(得分)、投资自由度指数(0—100)和外商投资信心指数(0—2.5)3 个三级指标。

"公平贸易",主要体现在各国贸易自由度和关税上。贸易自由度指数,是指各国贸易互通的便利程度。得分在 0 至 100 分,得分越高,贸易自由程度越高。关税是进出口商品经过一国关境时，由海关所征收的税收。关税越高，说明国家对外贸易的管控更严。

"市场规模与市场潜力"，由 GDP 总量、世界 500 强总部数量、生产效率（GDP/Capital）、购买力水平和 GDP 增长 5 项三级指标构成。GDP 总量越大、购买力越强、世界 500 强总部数量越多，说明该地区经济发展蓬勃，国民收入增加，消费能力增加，市场规模扩大；GDP 增长和生产效率（GDP/Capital）反映市场潜力和发展机会。

"资金融通"，从跨国公司资金是否能够自由流动角度，设计货币自由度（0—100）、资本账户开放（排名）和金融自由度（0—100），得分和排名越高的越有利于跨国公司的资金自由流动，反映营商环境的便利和开放。

"人才流动"，通过外籍关键人才限制（0—1）、免签出入境人数（排名）和使领馆数量（1—30），反映国内外人才是否能够自由出入境。

"吸引人才"，由生活成本、外籍人才吸引力和高级经理人数量 3 个三级指标构成。一个城市生活成本和收入水平的高低，会对人才吸引产生影响。高级人才的数量既反映了当地吸引人才的成效，同时也会形成人才集聚效应。对跨国公司而言，还具有吸引来自世界各地的外籍人才的需求。

"国际间基础设施联通"，包括航空联通性和上网速度两方面。城市的交通和通信基础建设越好，说明企业可以便利地到达世界各地或通过互联网与全球联系，越有利于营造良好的营商环境。

表 1-14 "X"跨国公司营商环境指标

一级指标	二级指标	三级指标（单位/标准）
法律保护	法治政府	政府透明度（0—1）
		反腐（-2.5—2.5）
		政权稳定及反恐（-2.5—2.5）
	城市安全	犯罪率（0—120）
市场环境	外资市场准入	外商投资的限制指数（0—1）
		投资自由度指数（0—100）
		外商投资信心指数（0—2.5）
	公平贸易	贸易自由度指数（0—100）
		关税（%）
	市场规模与市场潜力	GDP 总量（亿美元）
		GDP 增长（1—30）
		世界 500 强总部数量（1—30）
		生产效率（GDP/Capital）
		购买力水平（以纽约为 100 参照进行打分）
	资金融通	货币自由度（0—100）
		资本账户开放（排名）
		金融自由度（0—100）
	人才流动	外籍关键人才限制（0—1）
		免签出入境人数（排名）
		使领馆数量（1—30）
	吸引人才	生活成本（以纽约为 100 参照进行打分）
		收入水平
		外籍人才吸引力（0—10）
		高级经理人数量（0—10）
	国际间基础设施联通	航空联通性（1—30）
		上网速度（Mbps）

四、"Xs"先进生产性服务企业指标

"Xs"先进生产性服务企业指标，由政务效率和市场环境 2 个一级指标、7 个二级指标和 21 个三级指标构成。"1+Xs"共同构成了先进生产性服务企业的营商环境评价指标体系，二者合计 3 个一级指标、18 个二级指标和 65 个三级指标。

（一）政务效率

先进生产性服务业尤其是金融企业，不仅受市场准入牌照限制，在经营过程中都受政府监管影响很大。因此，在"1"通用指标的 6 项政务效率二级指标基础上，增加 1 项二级指标"监管质量"。

"监管质量"，衡量政府对市场（企业）监管的效果和质量。本书选取世界银行《世界治理指数》中"监管质量"指标得分，该项指标是世界银行基于对企业、智库、非政府组织等的大量调研得出。分数在 –2.5（弱）至 2.5（强）区间，得分越高说明政府监管质量越高。

（二）市场环境

一级指标"市场环境"，衡量先进生产性服务业企业在进入市场前、事中及事后，所受的硬性条件、制度环境、宏观经济环境等，可以用于评估一个城市对于特定行业（此处为先进生产性服务业）的吸引力，包括"先进生产性服务业的市场开放""市场规模与市场潜力""金融市场发展水平""人才流动与吸引人才""交通基础设施"和"信息化水平"6 项市场环境方面的二级指标。

"先进生产性服务业的市场开放"指标，通过先进生产性服务业的投资限制指数（0—1）、服务贸易开放（0—100）和专业服务领域的市场竞争（1—7）来评估。先进生产性服务业的投资限制指数采用OECD《外商直接投资限制指数》中先进生产性服务行业的限制指数，越接近1对外商投资的限制越多；越接近0则市场越开放。服务贸易开放和专业服务领域的市场竞争的数据为世界经济论坛的《全球竞争力指数》（GCI）。服务贸易越接近100，服务贸易的开放程度越高，接近零则服务贸易开放低。专业服务领域的市场竞争得分越高，说明市场竞争越充分。

"市场规模与市场潜力"，由GDP总量、GDP增长、世界500强总部数量、先进制造业网络能级和购买力5个三级指标构成。GDP总量越大、GDP增长速度越快、购买力越强、世界500强总部数量越多、先进制造业网络能级越高，说明该地区经济发展蓬勃，国民收入增加，消费能力增加，市场规模扩大，发展机会越多。

"金融市场发展水平"，与先进生产性服务业的营商环境密切相关，通过交易所资本总量（亿美元）、流向私营领域的银行信贷资金（%GDP）两个三级指标，衡量资本市场发达程度和银行信贷对民营经济主体的扶持力度。

"人才流动与吸引人才"，通过使领馆的数量（排名）反映先进生产性服务业工作人员自由流动的便利度，通过高级经理人数量（0—10）和高等教育人数（排名）评估人才资源是否容易获得，并用服务业薪酬（美元）反映对人才的吸引力。

"交通基础设施"，考虑到先进生产性服务业企业服务全球的定位，主要采用港口货运吞吐量（TEU）、铁路运输（km）和航空吞吐（数量）三个指标进行综合判断。城市的交通基础建设越好，交通越便捷，越有利于营造良好的营商环境。

"信息化水平"，通过无线网络覆盖点、上网速度和在线政府发展指数（0—1）来衡量。其中，无线网络覆盖点和上网速度的数据源于 EasyPark Group 发布的 *Smart Cities Index 2019*；在线政府发展指数取自于联合国《在线政府调研》（*E-Government Survey*），指数越接近 1，政府信息化发展越好。

表 1-15 "X"先进生产性服务企业营商环境指标

一级指标	二级指标	三级指标（单位 / 标准）
政务效率	监管质量	政府监管质量（−2.5—2.5）
市场环境	先进生产性服务业的市场开放	先进生产性服务业外商投资的限制指数（0—1）
		服务贸易开放（0—100）
		专业服务领域的市场竞争（1—7）
	市场规模与市场潜力	GDP 总量（亿美元）
		GDP 增长（1—30）
		世界 500 强总部数量（1—30）
		先进制造业网络能级（0—∞）
		购买力水平（以纽约为 100 参照进行打分）
	金融市场发展水平	交易所资本总量（亿美元）
		流向私营领域的银行信贷资金（%GDP）
	人才流动与吸引人才	使领馆数量（1—30）
		高级经理人数量（0—10）
		高等教育人数（1—30）
		服务业薪酬（美元）
	交通基础设施	港口货运吞吐（TEU）
		铁路运输（km）
		航空吞吐（1—30）
	信息化水平	无线网络覆盖点（第 100 名城市的得分为 1.09）
		上网速度（Mbps）
		在线政府（0—1）

五、"Xt"科技创新企业指标

　　"Xt"科技创新企业指标，由市场环境1个一级指标、5个二级指标和17个三级指标构成。"1+Xt"共同构成了科技创新企业（高新技术企业）的营商环境评价指标体系，二者合计3个一级指标、16个二级指标和61个三级指标。

　　对科技创新企业（高新技术企业）发展而言，关键是以科技创新资本、科技创新人才和科技创新机构为主的市场环境。一级指标"市场环境"包含"科技创新机构""科技创新人才""科技创新资本""信息化水平"和"高新技术企业网络能级"5项二级指标。

表1-16 "X"科技创新企业营商环境指标

一级指标	二级指标	三级指标（单位/标准）
市场环境	科技创新机构	世界Top500高校数（个）
		产学研合作（0—100）
		专利数（排名）
	科技创新人才	受高等教育人数（1—30）
		科研人员数量（0—100）
		企业中的科研人员比重（0—100）
		数学理科人才（1—30）
		研发者吸引力（打分）
	科技创新资本	风险投资规模（亿美元）
		金融科技指数（以500为基准打分）
		研发投入（%GDP）
	信息化水平	无线网络覆盖点（第100名城市的得分为1.09）
		上网速度（Mbps）
		数据安全（1—30）
		在线政府（0—1）
	高新技术企业网络能级	高新技术服务业网络能级（0—∞）
		高新技术制造业网络能级（0—∞）

"科技创新机构"，通过世界 Top500 高校数（个）、产学研合作（0—100）和专利数（排名）三个方面，分别评估科创企业所在城市的研究实力、企业与科研机构的合作深度及科研成果。

"科技创新人才"，由受高等教育人数、科研人员数量、企业中的科研人员比重、数学理科人才和研发者吸引力 5 个三级指标构成。其中，科研人员数量（0—100）、企业中的科研人员比重（0—100）和数学理科人才（1—30）指标数据取自世界知识产权组织、康奈尔大学、欧洲工商管理学院联合发布的《全球创新指数》，三组数据均采用打分法，分值越高科人员数量或比重就越高。研发者吸引力的数据来源于森纪念财团的《全球城市实力指数排名》，得分越高，说明对研发中的吸引力大。

"科技创新资本"，充分考虑当今科技企业创新资本的特征，选取风险投资规模、金融科技指数和研发投入 3 项三级指标。科创企业当地的风投规模越大，越有可能获得更多的资金扶持。研发投入占 GDP 比重越高，反映当地对科技创新对支持，有利于科创企业的发展。金融科技指数来源于中国（深圳）综合开发研究院与伦敦 Z/Yen 集团的《国际金融中心指数》。

"信息化水平"，除无线网络覆盖点、上网速度和在线政府指数这 3 项反映信息化发展水平的指标之外，还设计了数据安全指标。数据安全指标数据选自普华永道的《机遇之都》，分值在 1—30 区间，得分越高，说明数据安全保护却强。

"高新技术企业网络能级"，由高新技术服务业网络能级和高新技术制造业网络能级两组数据构成。得分越高，说明当地高新技术服务业企业和高新技术制造业企业在全球构建网络能力越强，且二者发展具有相辅相成的关系。

第四节 "1+X"指标体系的指标评价方法

一、原始数据的无量纲化

数据指标的量纲不同及其数值的数量级间存在悬殊差别，会对指标的客观性和合理性带来影响。因此，需要对指标作无量纲化处理。本书采用极差标准化方法对原始指标数据进行无量纲化处理，具体处理方法如下式所示：

$$A_{ij} = \begin{cases} \dfrac{X_{ij} - \min(X_{ij})}{\max(X_{ij}) - \min(X_{ij})}, & X_{ij} > 0 \\ \dfrac{\max(X_{ij}) - X_{ij}}{\max(X_{ij}) - \min(X_{ij})}, & X_{ij} \leqslant 0 \end{cases}$$

其中，A_{ij} 表示经极差标准化方法处理过的无量纲化指标数据；X_{ij} 表示原始指标数据。

二、评价方法

营商环境的评价是一项涉及多指标与多层系统的复杂工作。本书拟采用主观评价法和客观评价法两种方法对营商环境进行评估。

主观评价法。主观评价法大多采用相关领域专业人士进行打分确定权重，如专家评价法、层次分析法、模糊综合评判法等。主观评价法的优点是依靠专业人士的专业性对各项指标进行打分，具有专业性、易操作、易决策等优点，一定程度上能够反映现实情况。但缺点是难以避免主观臆断。

客观评价法。客观评价法则是依据各指标间的相关关系或指标的变异程度，通过计量经济的处理方法来确定权重，比如因子分析法、主成分分析法、灰色聚类分析法等。该类方法一定程度上可避免人为偏差。

因子分析方法是多元统计分析中非常重要的一种方法，其主要思想是"降维"。在原始变量比较多且各个变量之间存在相关关系的情况下，因子分析法通过研究多个原始变量间的内在结构关系，将具有错综复杂关系的原始变量综合成少数几个相互独立的公共因子，并且再现因子和原始变量之间的相互关系。这些因子能够反映原始变量所代表的主要信息，并能够解释原始变量之间的相互依存关系。因此，因子分析方法是以最少的数据信息丢失将众多的原始变量转化为较少的互不相关的因子，从而简化数据分析过程。因子分析方法假设每一个观测变量 V_i 线性地依赖少数几个不可观测的公共因子 F_1，F_2，F_3，$\cdots$，F_n 和随机误差 ε_i，具体如下：

$$V_i = A_{i1}F_1 + A_{i2}F_2 + A_{i3}F_3 + \cdots + A_{in}F_n + \varepsilon_i$$
$$(i = 1, 2, 3, \cdots)$$

其中，A_{ij} 为第 i 个变量在第 j 个因子上的载荷，称为因子载荷。ε 为随机误差项，表示原始变量不能被公共因子解释的部分。运用 SPSS 软件进行因子分析的步骤如下：（1）对原始指标进行标准化处理；（2）根据相关系数矩阵对原始指标进行相关性判断，进行 KMO 和 Bartlett 的球形度检验以判断是否适合因子分析；（3）提取主因子，根据方差贡献率≥85%的原则确定因子个数，并对初始因子载荷矩阵进行旋转，得到旋转之后的因子载荷矩阵，比较每个原始变量在各个主因子上的载荷，根据旋转之后的因子载荷赋予每个主因子以实际意义。最后，得出因子得分系数矩阵，计算每个主因子的得分，并以主因子的方差贡献率为权重进行加权平均计算因子总得分，最终进行排名分析。

为保证营商环境评估的科学性和合理性，本书拟将采用主观评估法和客观评估法进行实证比较研究分析。

第五节　对比世界银行《营商环境报告》所拓展的领域和范围

"1+X"营商环境评价指标体系，吸收借鉴了主流国际城市排名中所普遍使用的评价指标，对比世界银行《营商环境报告》评估的领域与范围，主要在以下方面进行拓展和深化：

一、法律保护方面

一家企业在城市中开办、经营，甚至退出，法律制度关切到企业生命周期的各个阶段。世界银行《营商环境报告》对保护中小投资者、获得信贷、执行合同、办理破产四个方面的法治指标进行打分排名，还评估了劳动力法规（不计入排名）。本书在此基础上，拓展了"知识产权保护""法治政府"和"城市安全"三项法律保护指标。

"知识产权保护"涉及商标保护、专利保护、著作权保护、商业秘密保护、知识产权资产商业化、知识产权执法等方面，对于企业的经营和发展至关重要。一纸配方、一项技术关系到一个企业的生死存亡、荣辱兴衰。例如，本书研究对象之一科技创新企业（高新技术企业），对专利技术和商业秘密等法律保护就具有内在需求。

"法治政府"包含反腐、政府透明度、政权稳定及反恐等内容。"法治政府"对于多数企业都会产生影响。如民营企业尤其是中小型民营企业，需要政府政策的公开和可得、行政过程的透明和公正，市场"玻璃门""弹簧门"会剥夺中小企业参与公平竞争的权利和机会。

"城市安全"，主要由犯罪率构成。城市安全对吸引人才和吸引投资都有促进作用。例如，外商来到其母国地域范围之外的城市进行投资、贸易或经营，十分关注东道国及其城市的安全与稳定。城市的犯罪率越低，说明城市治安状况越好。

二、政务效率方面

世界银行《营商环境报告》中有关政务效率（政府行政程序的便利度），共有开办企业、办理施工许可、获得电力、登记财产、纳税和跨境贸易等六项指标。对于上述指标，上海已于2018年密集出台了一批规范性文件和改革举措，简化了企业开办手续，降低了开办企业、经营企业的经济成本。便捷的审批程序并不意味着放松监管，而是政府由事先审批向事中事后监管的改革。市场具有对政府有效监管的制度需求，而监管作为公共产品也应当由政府来提供。

因此，本书设置了政府的"监管质量"作为政务效率的评价指标之一。既利用世界银行的世界治理指数（WGI）中的数据进行国内外比较，同时针对受政府和行业严格监管的企业（如商业银行、证券公司、保险机构等）实施调研，从而了解监管对企业营商环境的影响。

三、市场环境方面

世界银行《营商环境报告》中缺少对市场环境的评价指标设计，而市场环境对企业而言，就是"水"与"鱼"的关系。就此，本书对四类重点研究的企业类型，有针对性地增加了多项市场环境方面的评估指标。

（一）市场规模与市场潜力

"市场规模与市场潜力"，是构成企业营商的市场环境必不可缺的组成部分，也是每个微观企业在设立或投资之前一定会深入了解的信息。"市场规模与市场潜力"主要包括：经济总量、经济增长、购买力、世界500强总部数量、生产效率等基本市场数据。此外，先进生产性服务业企业的营商市场环境，还与其服务对象即生产制造业发展水平紧密关联。

（二）市场准入

"市场准入"，主要是对外商投资的市场开放，同时包括一些特定行业获取准入许可的难易程度。上海要加快建设具有世界影响力的社会主义现代化国际大都市，吸引国际知名企业来沪投资设立总部，跨国公司首先关注的就是市场是否对外开放。因此，在跨国公司营商环境的指标中增加外商投资的限制指数、投资自由度指数及外商投资信心指数 3 项三级指标。先进生产性服务业企业的营商环境评价指标中，专门增设了先进生产性服务业的外商投资限制指数，并且对一些准入门槛较高的特定行业（如商业银行、证券公司、保险公司等）获得机构或业务许可的难易程度开展调研。

（三）公平贸易

除市场准入之外，"公平贸易"也是外商的主要关注点之一。外国企业最关切的就是能否被公平对待。本书在跨国公司营商环境指标中，选择了贸易自由度指数和关税这 2 项三级指标来衡量公平贸易环境。对于先进生产性服务业企业而言，主要是服务业贸易的开放程度。

（四）资金融通

资金融通是多数企业关切的问题，但不同类型企业的主要关注点有所区别。跨国公司关心的是，资金的跨境流转、外币与人民币的可兑换及资本账户开放等。跨国公司"资金融通"指标包含：货币自由度、资本账户开放和金融自由度这 3 项三级指标。先进生产性服务业的营商环境与金融市场发展水平密切相关，银、证、保三类金融公司的业务和机构发展本身就与金融市场发展双向关联，发达的金融市场也为会计师事务所、律师事务所、信息服务公司等企业创造更多商业机会。同时，金融市场发展水平越高，企业获得资金融通的方式更丰富、便捷。对先进生产性服务业通过资本市场（交易所资本总量）和信贷市场（流向私营领域的银行信贷资金）两个方面，衡量金融市场发展水平。民营中小企业融资的途径仍以银行信贷为主，且中小企业十分关心资金成本。因此，在民营中小企业的"资金可得"指标中设

计有资金成本、流向私营领域的银行信贷资金及金融市场发展水平这
3项三级指标。

（五）人才资源

人才是企业创新发展的核心动力。本书根据不同类型企业对人才
的差异化需求，设计了"人才流动""吸引人才""人力资源""科技创
新人才"等相关指标。跨国公司主要关注的是——人才是否能够自由
跨境流动。因此，本书设计了外籍关键人才限制、免签出入境人数、
使领馆数量这3项三级指标作为"人才流动"的衡量标准；并且使用
生活成本、外籍人才吸引力、高级经理人数来评价对国内外人才的吸
引力。对于先进生产性服务业企业，采用使领馆数量、高级经理人数
量、高等教育人数、服务业薪酬等指标，来评估相关人才流动、高级
人才资源和吸引人才。民营中小企业对人力资源的需求范围更为宽
泛，因此采用技术工人数量、受高等教育人数、劳动人口和生活成本
来评价城市的人才资源与人才吸引力。

（六）科技创新资本、机构与人才

科技创新企业（含高新技术企业）在资本、机构和人才方面，显
示出科技企业独有的特征。科技企业的资金来源不仅有传统银行信贷
和股票、债券发行，更多的是技术与资本的相互融合及政府、风险投
资基金、企业等的扶持和投入。就此特点，"科技创新资本"指标设
有风险投资规模、金融科技指数、研发投入这3项三级指标。科技企
业需要与各类科研机构合作，本书通过世界Top500高校数、产学研
合作和专利数三方面来评估"科技创新机构"。科技企业对人才的需

求也有别于其他三类企业，更注重科研能力。"科技创新人才"涵盖了科研人员数量、企业中的科研人员比重、数学理科人才及研发者吸引力。

（七）交通、通信设施联通

交通、通信设施关系到外界对于一个城市的可达性，同时影响城市与外界以及城市内部的联通性。跨国公司需要"国际基础设施联通"，该指标包括两个方面，即交通运输联通性（航空）与网络联通性（网速）。先进生产性服务业企业对全国乃至全球企业提供服务，对"交通基础设施"和"信息化水平"都有较高要求。科技企业需要依托信息技术手段获取、交换、保存数据信息，因此科技企业对信息化水平和安全都有需求。民营中小企业除城际间交通运输（"港口货运""铁路运输"）外，还受到市内交通（"通勤指数"）影响。

（八）民营中小企业特有的指标

中小企业对成本较敏感。在民营中小企业营商环境的评价指标中，设有"商务成本"，包含用地成本、水电成本和劳动力成本三部分。

营商环境建设，市场化是基础。"市场化水平"一方面，是政府与市场的关系；另一方面，是政府权力大小。

第二章
基于"1+X"评价指标体系的上海营商环境现状分析

本书根据"1+X"营商环境评级指标体系,选取上海、北京、纽约、伦敦、东京、巴黎、香港、新加坡八座国际主要城市进行比较,对其营商环境指数进行了测算和排名,并具体从政务效率、法律保护、市场规模与市场潜力、外商投资贸易与金融自由、商务成本、人力资源、科技创新及交通与通信基础设施联通八个方面进行比较分析。

第一节　总体评估

根据表 2-1 显示,上海"1"通用指标上排名第七、Xs 先进生产性服务业指标排名第八、Xi 跨国公司指标排名第八、Xt 科技创新企业指标排名第七、Xp 民营中小企业指标排名第六。可见,随着"放管服"改革和优化企业营商环境工作的推进,上海市民营企业的营商

环境日益改善，科创环境亦有进步，但总体而言企业营商环境的比较
优势并不明显，尤其是对先进生产服务业企业和跨国公司而言其他的
国际主要城市更加具有吸引力和竞争力。

其他几座主要城市中，纽约、伦敦优势明显、在各类指标中轮
流第一；巴黎紧随其后，并且在民企营商环境排名第二；北京的科
创环境明显改善，排名第三；在香港和新加坡，现代服务业和跨
国公司的营商环境具有比较优势，但科创和民企的营商环境相对
较弱。

表 2-1　八座国际主要城市"1+X"营商环境评价指标的排名

	1 所有企业（通用指标）	Xs 先进生产性服务业企业	Xi 跨国公司	Xt 科创企业	Xp 民营企业
1	纽约	纽约	伦敦	伦敦	纽约
2	新加坡	伦敦	纽约	纽约	巴黎
3	伦敦	巴黎	巴黎	北京	伦敦
4	巴黎	新加坡	新加坡	巴黎	东京
5	东京	香港	香港	东京	北京
6	香港	东京	东京	新加坡	上海
7	上海	北京	北京	上海	新加坡
8	北京	上海	上海	香港	香港

以下具体从政务效率、法律保护、市场规模与市场潜力、外商投
资贸易与金融自由、商务成本、人力资源、科技创新及交通与通信基
础设施联通八个方面，对八座样本城市进行横向比较分析。

第二节 "1"通用指标的比较分析

一、政务效率

（一）开办企业

开办企业效率较高，但与最佳仍有差距。根据世界银行《2020年营商环境评价报告》，上海在"开办企业"指标中得分为93.3分，不仅低于得分同为98.2分的新加坡和香港，还略低于北京（95.1分），仍存有提升空间（见图2-1）。具体而言，在开办企业程序上，上海需要4个，而新加坡只需2个，世界最佳水平（奥克兰）更为便捷、仅需1个程序。在开办企业所需的时间上，上海需要9天，新加坡用时1.5天，奥克兰只要0.5天。成本上，在上海开办企业的花费占人均收入的1.4%，新加坡只占人均收入的0.4%，奥克兰更便宜、为人均收入的0.2%。可见，在开办企业程序、时间和成本上，上海与新加坡、奥克兰等世界前沿水平仍存在差距（见表2-2）。

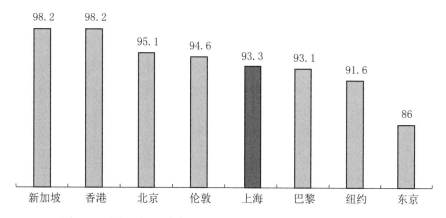

图2-1 国际主要城市"开办企业"指标的得分（0—100）

数据来源：世界银行《2020年营商环境报告》。

表2-2 上海、新加坡和奥克兰（最佳水平城市）"开办企业"分项指标的比较

	开办企业程序（个）	开办企业时间（天）	开办企业的成本（人均收入百分比）	最低实缴资本（人均收入百分比）
上 海	4	9	1.4	0
新加坡	2	1.5	0.4	0
奥克兰	1	0.5	0.2	0

数据来源：世界银行《2020年营商环境报告》。

（二）办理施工许可

在办理施工许可方面，通过近年来的改革创新，中国排名有了显著提升，从2018年的179名（得分41.21分）上升到2020年的33名（得分77.3分），但目前较之世界最佳水平仍有距离。香港得分93.5分（世界排名1）、新加坡87.9分（世界排名5）、东京83.1分（世界排名18）、伦敦80.3分（世界排名23）、纽约80.1分（世界排名24），均优于上海的77.0分（见图2-2）。

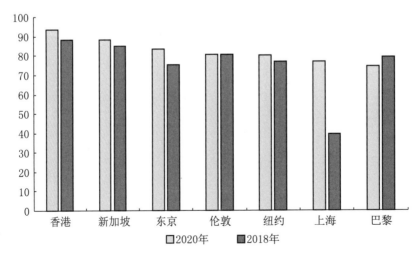

图2-2 国际主要城市"办理施工许可"指标的得分（0—100）

数据来源：世界银行《2020年营商环境报告》《2018年营商环境报告》。

　　具体而言，上海和世界最佳水平（香港）的差距主要体现在办理施工许可的效率方面即程序、时间和成本。在香港办理施工许可的程序只需 8 个，时间仅为 69 天，成本占人均收入的 0.3%；而上海则需要 18 个程序，125.5 天时间，占人均收入 2.3% 的成本。上海和香港在建筑质量上都达到满分 15 分（见表 2-3）。

表 2-3　上海与香港（最佳水平城市）"办理施工许可" 分项指标的比较

	程序（个）	时间（天）	成本 （仓库价值 %）	建筑质量控制指标 （0—15）
上海	18	125.5	2.3%	15
香港	8	69	0.3%	15

数据来源：世界银行《2020 年营商环境报告》。

（三）获得电力

　　在获得电力方面，上海和北京均对申请流程和供电可靠性进行改革，也取得了显著进步，但在获取时间和供电可靠性方面有上升空间。上海获得电力得分从 2018 年的 67.39 分上升至 2020 年的 95.4

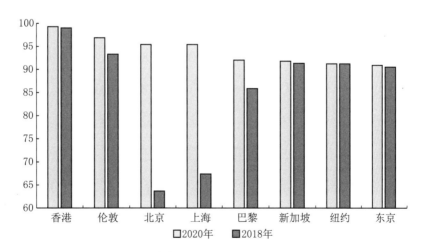

图 2-3　国际主要城市 "获得电力" 指标的得分（0—100）

数据来源：世界银行《2020 年营商环境评价报告》《2018 年营商环境评价报告》。

分，位于世界第12名。现超越了巴黎（得分92.0分）、新加坡（得分91.8分）、纽约（得分91.2分）、东京（得分90.7分），与世界排名第三的香港（得分99.3分）的差距在不断缩小（见图2-3）。

在获得电力方面，上海在程序和成本上已经世界领先，主要差距在获得电力的时间仍较长。这项指标2020年世界排名第一的城市为迪拜，迪拜仅仅需要7天就可以获得电力，而在上海则需要花费32天时间。同时，在供电可靠性和电费指数透明度方面，上海得7分，也稍逊于迪拜8分（见表2-4）。

表2-4　上海和迪拜（最佳水平城市）"获得电力"分项指标的比较

	程序（个）	时间（天）	成本（人均收入的%）	供电可靠性和电费指数透明度（0—8）
上海	2	32	0	7
迪拜	2	7	0	8

数据来源：世界银行《2020年营商环境报告》。

（四）财产登记

在财产登记方面，国际主要大都市在2020年皆无明显改革。新加坡从2019年的83.14分下降至2020年的83.1分；北京从82.18分上升至82.6分；上海从79.68分上升至79.7分；纽约从76.74分上升至76.8分；伦敦从75.34分上升至75.7分；东京从74.35分上升至75.6分；香港从73.55分上升至73.6分；巴黎从63.33分降至63.3分。国际主要大都市对于财产登记方面重视普遍不足，新加坡在全球也仅排21名，依旧存在改进空间（见图2-4）。

财产登记表指标的世界第一是多哈，上海与多哈相比，在财产登记的速度、成本和质量上都存在差距。在多哈办理财产登记的时间只有

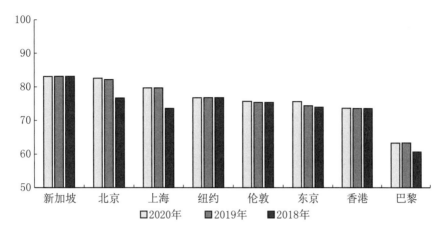

图 2-4　国际主要城市"财产登记"指标的得分（0—100）

数据来源：世界银行《2020 年营商环境报告》《2019 年营商环境报告》《2018 年营商环境报告》。

1 天，且零成本，土地管理系统质量指数达到 26 分。而上海需要 4 个程序，9 天时间，成本则需花费财产价值的 4.6%，土地管理系统质量指数得分为 23.5 分。由此可见，上海在合并办理程序的基础上，仍需压缩办理时间，降低制度性交易成本，并提升管理系统质量（见表 2-5）。

表 2-5　上海和多哈（最佳水平城市）"财产登记"分项指标的比较

	程序（个）	时间（天）	成本（财产价值的 %）	土地管理系统质量指数（0—30）
上海	4	9	4.6	23.5
多哈	1	1	0	26

数据来源：世界银行《2020 年营商环境报告》。

（五）纳税

在纳税方面，尽管上海和北京实施小型企业所得税优惠、减免特定行业增值税、加强电子归档和支付系统，但是得分远低于其他国际主要大都市。香港为 99.7 分（世界排名 2）、新加坡 91.6 分（世界排名 7）、伦敦 86.2 分、纽约 85.8 分、东京 81.6 分、巴黎 79.2 分，均优于上海 71.7 分（见图 2-5）。

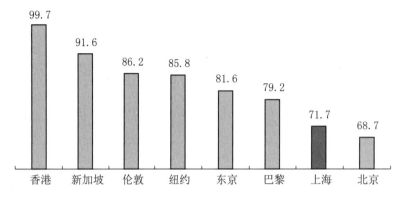

图 2-5　国际主要城市"纳税"指标的得分（0—100）

数据来源：世界银行《2020 年营商环境报告》。

　　上海在纳税的各分项指标上均低于香港。在纳税次数方面，上海纳税 7 次，而香港纳税 3 次；在纳税时间方面，上海需 138 小时，香港仅需 35 小时，比上海少四分之三的时间；在税及派款总额方面，上海占商业利润 63%，而香港占 22%，不到上海的二分之一；在增值税退税方面，上海不退增值税，而香港则是无增值税；在企业所得税审合计方面，上海是 1 小时合规时间，少于香港的 3 小时；在完成企业所得税审计时间方面，上海和香港相同，均为零星期；在税后流程指标方面，上海仅得 50.0 分，而香港为 98.9 分。综上，上海在纳税的各个方面都具有较大优化潜力，还需继续进行改革。

　　表 2-6　上海、香港和麦纳麦（最佳水平城市）"纳税"分项指标的比较

	纳税（次）	时间（小时）	总税率和社会缴纳费率（占利润 %）	税后流程指标（0—100）
上海	7	138	62.6	50.0
香港	3	35	21.9	98.9
麦纳麦	3	23	13.8	/

数据来源：世界银行《2020 年营商环境报告》。

（六）跨境贸易

在跨境贸易方面，巴黎由于欧盟特殊政策，得分为100分。香港、伦敦、纽约均在90分以上，依次为95分、93.8分、92分。新加坡、上海、东京和北京的得分则在85分至90分之间。2020年，上海通过实施预先货物申报、提高港口设施、优化海关局人员结构、公布收费标准等改革措施，使上海得分较2019年提升了4.14分，2020年的得分为87.2分（世界排名56），但依旧与国际贸易中心的战略定位存在差距（见图2-6）。

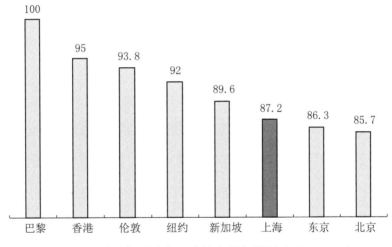

图2-6　国际主要城市"跨境贸易"的得分（0—100）

数据来源：世界银行《2020年营商环境报告》。

由于巴黎的特殊性，因此对香港和上海进行细化项目比较。除进口边界合规费用外，上海在其他分项指标上均落后香港。在边界合规方面，上海出口需耗18小时，耗费249美元，香港只耗时1小时，且无需耗费；上海进口需耗37小时，香港只需19小时。在单证合规方面，上海出口需耗8小时，耗费70美元，香港只需耗时1小时，

耗费 12 美元；上海进口需耗 11 小时，耗费 75 美元，香港只需耗时
1 小时，耗费 57 美元。

在跨境贸易方面，香港与上海虽然有政策面上的区别，但上海应
当进一步向香港靠拢，尤其在出口方面，上海与香港差距较大。

表 2-7 上海和香港在"跨境贸易"分项指标上的比较

	出口：边界合规耗时（小时）	出口：边界合规费用（美元）	出口：单证合规耗时（小时）	出口：单证合规费用（美元）	进口：边界合规耗时（小时）	进口：边界合规费用（美元）	进口：单证合规耗时（小时）	进口：单证合规费用（美元）
上海	18	249	8	70	37	230	11	75
香港	1	0	1	12	19	266	1	57

数据来源：世界银行《2020 年营商环境报告》。

（七）政府监管质量

政府监管得分越高，表明监管力度越强。上海的政府监管质量分
得相对于其他国际主要城市仍有明显差距。新加坡的得分在 2 分以
上，伦敦、纽约、巴黎、香港也超过了 1 分，而上海则仅得 –0.3 分。

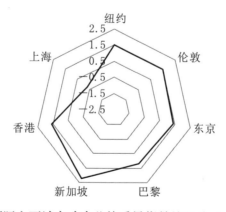

图 2-7 国际主要城市政府监管质量指数的得分（ –2.5—2.5）

数据来源：世界银行（2021）。

专栏1　香港方便营商及精明规管计划"2+9+1+1"推进政务效率提升

中国香港是全球最佳营商城市之一，在各类国际排名中名列前茅。根据世界银行《营商环境报告》，香港在政务效率方面的6项指标（即开办企业、施工许可、获得电力、财产登记、纳税和贸易）得分全球领先。香港的出色表现很大程度上要归功于其工作推进机制——"方便营商及精明规管"计划。通过"2+9+1+1"的推进机制，迅速提高特别行政区政府对企业颁发牌照的效率和透明度。

1. 2个常设机构

即方便营商咨询委员会（"方咨会"）和效率促进办公室（"效率办"）。

方咨会是政企沟通平台，下设专责工作小组和营商联络小组，就制订和推行方便营商的计划及措施，向特别行政区财政司司长提供意见和汇报。（1）专责工作小组，负责以行业或牌照为本的规管检讨，并协助业界咨询。按需设立、完成后解散。目前有批发及零售业工作小组、食物及相关服务业工作小组和营商联络小组工作小组。（2）营商联络小组，至今共设立了10个，旨在提供正式讨论平台，以加强与业界的沟通。定期举办会议，政府和业界均派代表参加。

效率办是香港创新及科技局下属的政府部门，内设营商环境专员，支持方咨会工作、担任各营商联络小组（涵盖不同行业）的主席，制定、推行和统筹方便营商计划。一方面，效率办通过集中协调统筹和创新技术应用，提升特别行政区政府服务效率和质量；另一方面，为特别行政区政府各部门提供关于业务流程重整、架构重组、衡量服务表现、知识管理和变革管理等方面的专业顾问服务。

2. 9个营商主任

香港现有9个发牌当局（包括屋宇署、机电工程署、环境保护署、消防处、食物环境卫生署、路政署、民政事务总署、康乐及文化事务署，及水务署）[1] 委派专人，担当"方便营商主任"，监督发牌服务、按需检讨、跨部门协调，目的为缩短签发牌照时间。

3. 1个电子平台

除在香港特别行政区政府一站通网站设置"方便营商主页"、介绍"方便营商及精明规管"计划之外，设立了营商咨询电子平台。公开正在进行咨询和即将进行咨询的文件、咨询日期、主管部门，提供提交意见的渠道，同时建立咨询文件及相关报告书资料库供查询。

---

[1] 陈晓玲：《香港营商环境现状评价及经验借鉴》，《广东经济》2019年第5期。

4.1 套评估体系

在新政出台前，各部门评估政策变化对企业合规成本的影响。通过"策划、咨询、推行及检讨"四个环节，实现"精明规管"。为此，特别行政区政府研发了合规成本架构，以便各职能部门运用系统且一致的方法估算营商合规成本，并将评估报告于"方便营商主页"上公开。

目前，香港已于2023年1月第一批参与了世界银行营商环境评价新版标准（B-READY）的测评工作，由效率办负责就B-READY项目的相关事宜与世界银行集团联系接洽，通过设立基准来量化评估对企业发展有利的商业环境。[1]

二、法律保护

（一）执行合同

上海在"执行合同"指标上表现优秀、排名全球第五，与位居首位的新加坡仅相差4.5分。时间和成本上，在上海解决商业纠纷要花485天，执行成本为15.1%，优于OECD高收入国家平均水平（589.6天、21.5%）。争议解决最快的是新加坡，只需120天；最便宜的是不丹，仅占债务0.1%。在司法程序质量指数得分方面，上海

[1]《方便营商：世界银行集团的"有利营商环境"项目》，载中华人民共和国香港特别行政区效率促进办公室官网，访问时间2023年5月25日。

为 16.5 分、新加坡为 15.5 分，比新加坡高 1 分。因此，上海应在保持优势的基础上进一步优化法治化营商环境，在争议解决的效率上仍有继续提高的空间（见图 2-8、表 2-8）。

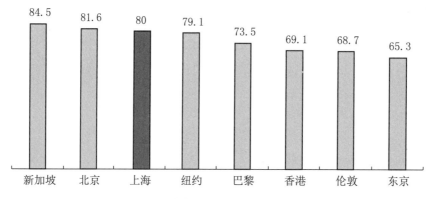

图 2-8　国际主要城市"执行合同"的得分（0—100）

数据来源：世界银行《2020 年营商环境报告》。

表 2-8　上海和新加坡（最佳水平城市）"执行合同"分项指标的比较

	时间（天）	成本（债务的 %）	司法程序质量指数（0—18）
上海	485.0	15.1	16.5
新加坡	164.0	25.8	15.5

数据来源：世界银行《2020 年营商环境报告》。

（二）办理破产

中国在"办理破产"指标上排名第 51 位，处于全球中上水平。上海前沿距离分数均为 62.1 分，与 2020 年该项指标排名第一的赫尔辛基（92.7 分）尚有距离。世界主要大都市中，纽约和东京得分超过 90 分，分别得 90.5 分（第 2 名）和 90 分（第 3 名），其次是伦敦为 80.3 分（第 14 名）（见图 2-9）。

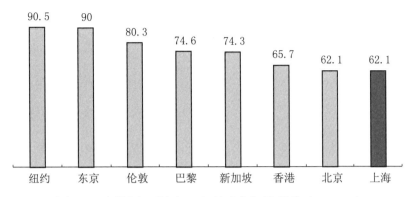

图 2-9 国际主要城市"办理破产"的得分（0—100）

数据来源：世界银行《2020 年营商环境报告》。

上海在 2020 年启动了债权优先规则，并提升债权人在破产程序中的参与程度，因此上海在破产框架力度指标方面从 2019 年的 11.5 分上升到了 2020 年的 13.5 分。上海清算和重组程序的法律框架的充分性和完整性在不断提升。

然而，上海的破产回收率仍较低（回收债务占债务额的 36.9%），还未达到东京、纽约、伦敦、新加坡等城市的一半（见表 2-9）。回收率与破产程序效率及破产重整直接相关。过长的破产程序会降低债权人回收率，并增加不确定性。在上海办理破产的时间（偿债所需时间为 1.7 年）与 OECD 高收入国家持平，破产成本（偿债所需费用占债务人资产价值的 22%）稍高于亚太地区平均水平、但远高于 OECD 高收入国家平均水平（9.3%）。

表 2-9 上海和赫尔辛基（最佳水平城市）"办理破产"分项指标的比较

	回收率 （每美元美分数）	破产框架力度指标 （0—16）	办理破产 （得分）
上海	36.9	13.5	62.1
赫尔辛基	88.0	14.5	92.7

数据来源：世界银行《2020 年营商环境报告》。

（三）获得信贷

在获得信贷方面，上海 2019 年和 2020 年的得分始终维持在 60 分，但世界排名从 2019 年的 73 名下降至 80 名，远低于 95 分的纽约（世界排名 4）和 75 分的伦敦、新加坡与香港（三个城市同为世界排名 37），说明上海在获得信贷方面与世界前沿依旧存在较大差距（见图 2-10）。

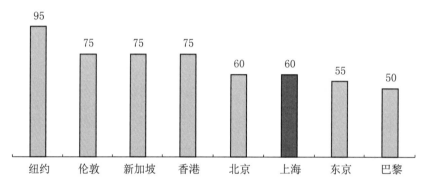

图 2-10　国际主要城市"获得信贷"的得分（0—100）

数据来源：世界银行《2020 年营商环境报告》。

"获得信贷"的二级分项指标为信用信息指数和合法权利指数。上海、纽约和奥克兰（"获得信贷"指标的世界最佳水平城市）的信用信息指数得分相同，均为 8 分。上海的差距主要在合法权利指数上，上海获得 4 分，而奥克兰为满分 12 分，纽约为 11 分（见表 2-10）。上海需继续在聚集优质金融资源、提升企业融资便利度、探索普惠金融创新模式等方面，全方位、多层次地助力企业获得信贷。

表 2-10　上海、纽约和奥克兰（最佳水平城市）"获得信贷"分项指标的比较

	信用信息指数（0—8）	合法权利指数（0—12）
上海	8	4
纽约	8	11
奥克兰	8	12

数据来源：世界银行《2020 年营商环境报告》。

（四）保护投资者

在《2020年营商环境评价报告》中，我国保护投资者指标的世界排名为第28名，较之上一年度大幅上升了36名。上海得分为72分。主要改革为在不公平的关联方交易上强制控股股东承担责任来保护少数投资者（见图2-11）。

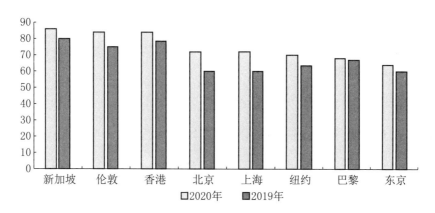

图2-11　世界主要城市"保护投资者"的得分（0—100）

数据来源：世界银行《2020年营商环境报告》和《2019年营商环境报告》。

但还需借鉴新加坡（86分，世界第3名）、香港和伦敦（84分，并列世界第7名）这些世界前沿城市的经验来进一步优化提升。该指标由七组分项指标组成，上海在所有权管理和控制（6分）、公司透明度（6分）方面均接近满分7分，且均反超世界前沿城市新加坡1分。在披露程度和股东权利方面也与新加坡平分，分别为10分（该项满分为10分）和5分。但上海在董事责任、股东诉讼便利度以及少数投资者保护力度仅分别得到4分、5分、36分，而新加坡分别为9分、9分、43分。该项指标主要涉及公司法、证券法及上市公司治理的相关规则，立法上具有全国一致性，需要更高层面的顶层设计来推动改革。

表 2-11　上海和新加坡"保护投资者"分项指标的比较

	披露程度指数（0—10）	董事责任程度指数（0—10）	股东诉讼便利度指数（0—10）	股东权利指数（0—6）	所有权和管理控制指数（0—7）	公司透明度指数（0—7）	少数投资者保护力度指数（0—50）
上海	10	4	5	5	6	6	36
新加坡	10	9	9	5	5	5	43

数据来源：世界银行《2020 年营商环境报告》。

（五）知识产权保护

根据美国商会全球知识产权中心（GIPC）2020 年发布的《国际知识产权指数报告》，中国的总体得分从 2019 年的 47.67% 提高到了 2023 年的 57.86%。我国知识产权保护持续加强，归功于我国所采取的有力措施，例如 2019 年清除了一些技术转让和许可方面的障碍和

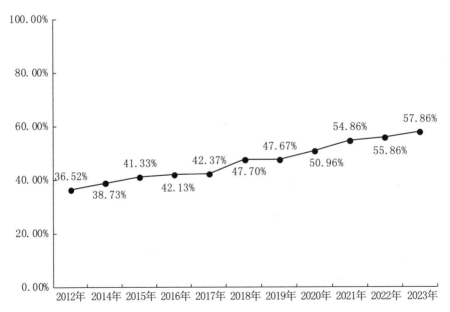

图 2-12　2012 年至 2023 年中国知识产权保护总体得分（0—100%）

数据来源：美国商会全球知识产权中心《国际知识产权指数报告》。

限制；2019 年修订了商标法以解决商标恶意注册问题；2019 年修订了反不正当竞争法以加强对商业秘密的保护。2022 年党中央、国务院相继印发了《知识产权强国建设纲要（2021—2035 年）》和《"十四五"国家知识产权保护和运用规划》，开启知识产权强国的新征程（见图 2-12）。

1. 专利保护

在专利保护方面，新加坡排名第一，为 97.22 分，领先于纽约 94.44 分、东京 94.44 分、伦敦 91.67 分和巴黎 91.67 分。上海近年来的得分提升明显，从 2019 年的 66.94 分提高到了 80.83 分，但与世界前沿城市仍有差距（见图 2-13）。

2017 年我国承诺引入专利链接机制，并发布了《关于深化审评审批制度改革鼓励药品医疗器械创新的意见》在 2018 年和 2019 年并未得到执行。2020 年初，中国在中美第一阶段协议（第 1.11 条）中

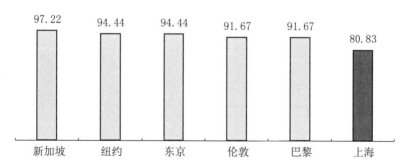

图 2-13　国际主要城市专利保护的得分（0—100）

数据来源：美国商会全球知识产权中心《2023 年国际知识产权指数报告》[1]。

---

[1]　说明：专利保护指标从九个方面进行评分，包括专利保护期限、专利要件、计算机实施发明的可专利性、药品专利实施及改革机制、植物多样性保护期限（新增指标）、专利产品和技术的立法标准和强制许可的积极使用、药品专利期限、是否是专利审查高速公路（PPH）成员国，以及专利异议处理。

再次承诺采取一种专利链接机制。实施后，该指标得分再次被评估。2021 年 7 月 4 日，国家药监局、国家知识产权局发布《药品专利纠纷早期解决机制实施办法（试行）》。2022 年 1 月，国家知识产权局发布了《2022 年全国知识产权行政保护工作》，因此专利保护得分有所上升。

2. 著作权保护

在著作权保护方面，上海得分仅为 43.29 分，与纽约（96.43 分）、伦敦（94.71 分）、新加坡（96.29 分）、巴黎（92.71 分）、东京（81.95 分）相差两倍有余（见图 2-14）。

目前，我国互联网上仍存在大量的电影、音乐等免费翻版资源随意传播，导致创作者和著作权人的合法权利受到侵犯，故需要及时完善著作权保护法律制度体系。

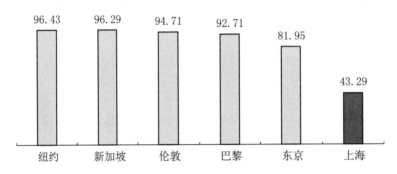

图 2-14　国际主要大都市著作权保护的得分（0—100）

数据来源：美国商会全球知识产权中心《2023 年国际知识产权指数报告》[1]。

---

[1]　说明：著作权保护指标从七个方面进行评分，包括著作权及其相关权利的保护期、法律是否赋予权利人防止侵犯著作权及相关权利（包括网络寄存、流播和链接）的专属权、快速禁令式救济和禁止网络侵权、是否具有打击网络盗版的联合行动框架、著作权及相关权利的限制范围和例外、数字资源权利管理立法，以及明确执行政策和指引要求政府的通信和信息技术系统使用的软件必须是许可软件。

3. 商标保护

在商标保护方面，伦敦和纽约最优，获得满分100分。巴黎93.75分、东京87.5分。新加坡与上海略低，同为75分（见图2-15）。

《中华人民共和国商标法（2019年）》针对恶意注册申请规定了罚款措施，并努力消除和惩罚恶意注册申请和商标抢注行为。例如第四条第一款新增例"不以使用为目的的恶意商标注册申请，应当予以驳回"，增加了注册申请人的使用义务。同时，新的修正案将"无商标使用行为"作为禁止注册的绝对事由，引入"惩罚性赔偿"措施，大幅提升违法成本。因此，在"法律是否赋予权利人惩罚未经授权使用商标的专属权"这一项从2019年的0.5分上升至0.75分。下一步，应重点关注解决某些合法商标持有者注册防御性商标但没有使用意图的问题。我国"商标保护期"这一指标始终保持满分，可以看出中国对于保护期的时间是很久的。

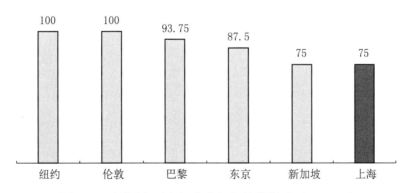

图2-15　国际主要大都市商标保护的得分（0—100）

数据来源：美国商会全球知识产权中心《2023年国际知识产权指数报告》[1]。

---

[1]　说明：商标保护指标从四个方面进行评分，包括商标保护期（续展期）、著名商标的保护、法律是否赋予权利人惩罚未经授权使用商标的专属权、是否具有打击网上销售假冒商品的行动框架。

4. 商业秘密保护

在商业秘密保护方面，保护力度从强到弱依次为东京（93.33分）、纽约（91.67分）、新加坡（58.33分）、巴黎（83.33分）、伦敦（75分）、上海（45分）。较大的分数差距表明我国依旧面临商业秘密保护的挑战（见图2-16）。

"商业秘密保护（民事救济）"指标提高了0.25分，体现出GIPC对我国2019年新修正《反不正当竞争法》的肯定。修正案中对商业秘密的定义更加全面。第九条第四款中将定义中的"技术信息和经营信息"修改为"技术信息、经营信息等商业信息"。新增第三十二条，对侵犯商业秘密的民事审判程序中举证责任的转移作了规定，减轻商业秘密权利人的举证责任，大幅降低维权成本。修正案还强化侵犯商业秘密行为的法律责任，提高违法成本，降低违法收益，加大法律惩戒力。此次《反不正当竞争法》的修改进一步完善了知识产权保护法律体系，这无疑促进了我国的商业秘密保护的更好发展。

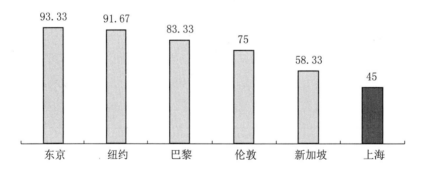

图2-16 国际主要大都市商业秘密保护的得分（0—100）

数据来源：美国商会全球知识产权中心《2023年国际知识产权指数报告》[1]。

[1] 说明：商业秘密保护指标从三个方面进行评分，包括商业秘密保护（民事救济）、商业秘密保护（刑事制裁），以及监管数据保护条款。

5. 知识产权资产商业化

在知识产权资产商业化方面，纽约、伦敦、新加坡高于 90 分，东京、巴黎高于 85 分，知识产权高度商业化，而上海仅有 38.83 分。尤其"许可的登记和信息披露要求"这一指数得分为 0 分。可见，我国知识产权存在数量增长快，但转化率不高的特点，因此在很大程度上没有被充分商业化（见图 2-17）。

我国在"市场准入壁垒"和"政府对制定许可条件的直接行政干预"两项指标上从 2019 年的 0 分上升至 0.25 分。在"技术转让壁垒"指标上从 2019 年的 0.5 分上升至 0.75 分。这归功于 2019 年《外商投资法》出台实施和《技术进出口管理条例》修订。《外商投资法》第二十二条明确规定，保护外国投资者和外商投资企业的知识产权，不得利用行政手段强制转让技术。《技术进出口管理条例》删除了第三方侵权责任承担、改进技术成果的归属以及限制性条款等强制性规

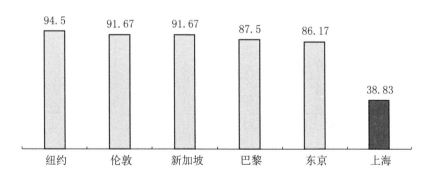

图 2-17 国际主要大都市知识产权资产商业化的得分（0—100）

数据来源：美国商会全球知识产权中心《2023 年国际知识产权指数报告》[1]。

---

[1] 说明：知识产权资产商业化从六个方面进行评分，包括市场准入壁垒、技术转让壁垒、许可证交易的登记及披露规定、政府对制定许可条件的直接行政干预、知识产权作为资产的价值，以及知识产权商业化的税收优惠。

定，从而消解《与贸易有关的知识产权协定》中约定的国民待遇义务
不相符的尴尬，同时避免与我国《合同法》中关于技术转让合同规定
存在的矛盾。这些法律有助于加强国内外技术流通和研发合作，提升
外国企业向中国企业转让技术的积极性，促进国际贸易的健康发展。
2021 年，《民法典》颁布生效，强调了合同条款由市场驱动，由缔约
双方自行决定，从根本上改变了外国和中国实体之间起草和执行许可
证的性质，因此中国在相关指标得分上有所提升。

6. 知识产权执法与系统效率

在知识产权执法与系统效率方面，纽约、伦敦、巴黎和东京得分
接近满分，依次为 191 分、190.57 分、188.86 分和 183.14 分。新加
坡略逊一筹，为 158.29 分。上海仅为 122 分，与其他样本城市的存
在差距具体体现在执法方面，"假冒率"和"有效的边境执法措施"

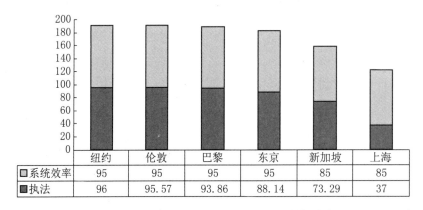

图 2-18　国际主要大都市知识产权执法（0—100）与系统效率（0—100）的得分

数据来源：美国商会全球知识产权中心《2023 年国际知识产权指数报告》[1]。

---

[1]　说明：知识产权执法指标，衡量知识产权的侵权情况、权利人可获得的刑事和民事法
　　律权利、海关进行边境管制和检查的权力以及海关当局的透明度。系统效率指标，衡
　　量国家知识产权系统的实际运作方式。新增知识产权密集型产业对国家经济发展的影
　　响分析。

指标得分均为 0 分。在系统效率方面，样本城市间则没有明显的差距，最高分与最低分相差 10 分。此外，上海在今年新增指标"知识产权密集型产业对国家经济的影响分析"方面获得满分，展现中国政府对了解知识产权与经济活动间关系的兴趣（见图 2-18）。

专栏 2　新加坡不断完善立法提升知识产权保护水平

新加坡在知识产权保护上构建了一个完整的法律框架，共设有 7 部相关法律，分别是《专利法》《商标法》《注册外观设计法》《版权法》《植物品种保护法》《地理标志法》《集成电路布图设计法》，并且根据市场发展不断修改和完善立法，加强知识产权法律保护。以专利领域为例，新加坡《专利法》于 1994 年制定出台，在随后的几年间又进行了多次修改。2022 年 5 月 26 日，最新修订的《2022年知识产权（修正）法案》正式生效，其中第 7—18 条涉及对专利法部分的修改。

第一，提效增速。在最新版专利法实施以前，PCT（专利合作条约）国际申请用非英文申请的，国际申请进入新加坡国家阶段时申请人需要提交请求并且缴纳费用后，新加坡知识产权局才会公布国际申请的英文版。最新版专利法实施后，新加坡知识产权局会自动公布英文版且不需要另外缴费，提高了申请人申请效率且降低了申请成本。

第二，加快审查进度。最新版专利法实施后，如果审查人发现申请人的申请材料只有细微错误，可以发修改邀请函修改，邀请函的期限是2个月。从而加快审查进度，减少一些无关紧要的流程，提高审查效率。

第三，高效保证专利的正当性。在最新专利法实施前，对于已经获得的专利的质疑途径只有提交专利撤销申请；在最新专利法实施后，对于已经获得的专利的质疑可以向注册官提出复审的意见。这一做法提高了质疑的效率，减少冗长的程序。

最新修改后的《专利法》减少了一些冗长的程序，通过流程再造，提高了专利审查效率，加强了专利保护的力度。在美国商会全球知识产权中心《2023年国际知识产权指数报告》中，新加坡的专利保护指标得分名列前茅，明显优于纽约、伦敦、东京等其他国际主要城市。而这一优势正是通过不断完善立法提升知识产权保护水平获得的。

第三节　"X"指标的比较分析

一、市场规模与市场潜力

（一）GDP总量和增速

城市的市场规模越大，可以为企业生产经营、创造财富提供更多机会，此外，企业还非常重视城市经济发展的潜力。根据普华永道《机遇之都7》及中研网的同期数据，与纽约、东京、巴黎相比，上海的 GDP 总量在国际主要城市中并不算高，GDP 总量在八座国际主要城市中位列第五。从市场发展潜力来看，上海的 GDP 增速较快，远高于其他的几个发达市场。根据普华永道最新发布的《机遇之城2023》，上海与国内其他主要城市相比，地区生产总值得分最高，为

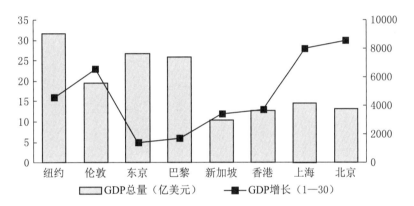

图 2-19 国际主要城市 GDP 总量（亿美元）和 GDP 增长得分（1—30）

数据来源：中研网（2018）、普华永道《机遇之都7》。

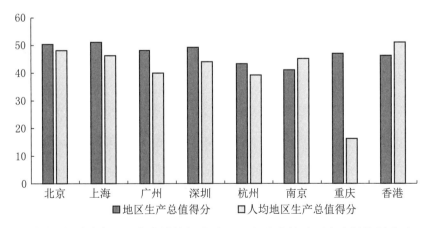

图 2-20 国内主要城市地区生产总值得分（1—51）和人均地区生产总值得分（1—51）

数据来源：普华永道《机遇之城2023》。

51 分，排名第一。从人均地区生产总值来看，上海仅次于香港、北京，得分为 46 分。

（二）购买力

购买力是构成市场和影响规模大小的重要因素。提高购买力会对市场发展潜力有很大的影响，促进市场规模的增长。Numbeo 2023 年 7 月的数据显示，上海的购买力指数为 41.5，远远低于纽约、伦敦、东京、新加坡，与巴黎、香港、北京也有一定差距。

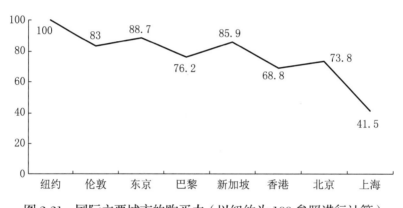

图 2-21　国际主要城市的购买力（以纽约为 100 参照进行计算）

数据来源：Numbeo（2023）。

（三）世界 500 强企业数量

世界 500 强企业数量可以综合反映出城市的投资环境、产业链、服务配套质量等。根据普华永道最新公布的《机遇之城 2023》，在国内范围，上海在 500 强企业数量上，仅落后于北京，位列第二。仅从国内比较来看，上海基础设施、投资环境较好，城市的招商吸引力较强。但根据普华永道《机遇之都 7》，从全球范围来看，上海在世界 500 强企业数量上，落后于北京、东京、伦敦、巴黎和纽约。上海应

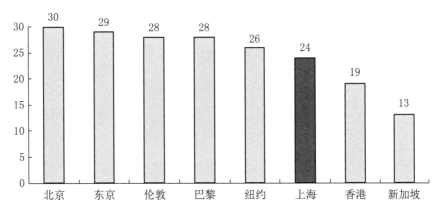

图 2-22　国际主要城市世界 500 强总部数量的得分（1—30）

数据来源：普华永道《机遇之都 7》。

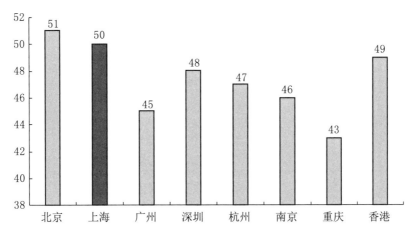

图 2-23　国内主要城市中国 500 强总部数量的得分（1—51）

数据来源：普华永道《机遇之城 2023》。

提升开放程度、增加产业聚集，创造有利于企业成长的营商环境，既吸引更多跨国企业来沪投资设立总部，也培养国内企业做大做强、走出中国，提高上海这座城市的国际认可度。

（四）银行信贷市场和资本市场

金融市场的发展水平既是金融服务机构生存、经营、发展的市场基础，也影响到企业获得融资的多元化途径和便利性。纽约拥有纽约证券交易所和纳斯达克证券市场这两大证券交易所，资本市场相当发达，交易所规模和市值在国际主要城市中遥遥领先。根据 2022 年 12 月数据显示，相比较而言，上海的交易所资本规模还不到纽约的六分之一，有较大的发展空间。

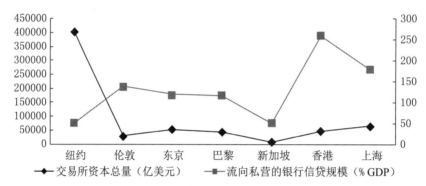

图 2-24   国际主要城市的交易所资本规模和流向私营领域的银行信贷规模

数据来源：世界银行（2021）、WFE（2022）、Investopedia（2022）。

专栏3 美国资本市场对外开放与证券监管

美国纽约的资本市场规模在全球遥遥领先，这与美国资本市场对外开放的制度规则是分不开的，同时风险也伴随着开放应运而生，美国又通过有效的证券期货监管保障资本市场的安全和稳定。

1. 美国对外国交易者投资的一般规定

美国对外国市场主体的资本流入一般倾向于采取自由开放的政策，依法给予同等对待，实行无差别待遇。外资进出比较自由，没有多少的限制，也无专门的外资法。[1]

（1）美国对外资进入未实行一般投资审查制度

1975年美国国会曾提出《外国投资法案》，旨在修订《1934年证券交易法》，要求外国投资者在美国公司取得股份、证券，必须进行申报，并授权总统基于国家安全的考虑，或为促进对外政策，或为保护美国国内经济等理由，可禁止这种取得。但该法案受到美国政府有关部门和大多数议员的反对，违反了美国传统的开放政策，因此，该法案未获通过。之后，美国于1976年制定《国际投资调查法》、1978年制定《关于农业外国投资者申报法》等。但至今为止，外国投资者只有一般性的申报义务。

（2）外国投资者及其投资在美国享有国民待遇

外国投资者在美国进行投资时，在相关权利和义务上，与美国国民享受同等待遇，美国法律对外国投资一般也不按国别实行差别待遇或给予特别限制。但在银行业、保险业等行业中，外国投资受到一定限制。[2]

2. 美国对外国交易者违法的调查与监管

美国监管机构针对外国交易者的违规调查目前主要通过双边司法互助协定、双边谅解备忘录和国际证监会组织

---

[1] 余劲松主编：《国际投资法》，法律出版社2007年版，第122—124页。

[2] 范丽娜：《国外关于外资国民待遇的规定及立法实践》，《经济论坛》2006年第9期。

（IOSCO）框架下成员签署的多边合作备忘录来落实。通过各国监管机构的国际协作，来解决资本市场跨境监管法律冲突。

（1）双边司法互助协定

双边司法互助协定（MLATS）由缔约国通过外交途径签署，有利于共同打击证券犯罪活动。美国已同瑞士、意大利、加拿大、英国、墨西哥、西班牙、中国（2000年）等30多个国家或地区签署了司法互助协定。但因MLATS仅适用于刑事犯罪，有些还需满足"双重犯罪"标准，导致证券监管机构和法院无法适用双边条约来调查取证。

（2）双边谅解备忘录

为弥补MLATS的不足，各国证券监管机构通过签署双边谅解备忘录（MoU），来推动跨境证券监管合作。美国证券与交易委员会（SEC）在1994年与中国证监会签署了《关于合作、磋商及技术协助的谅解备忘录》，美国商品期货交易委员会（CFTC）于2002年与证监会签署《期货监管合作谅解备忘录》。

（3）IOSCO下的多边谅解备忘录

2002年5月，IOSCO创立了多边谅解备忘录（MMoU），推动全球范围内的国际证券期货监管合作和协调。截至2018年8月，已有118个国家签署MMoU，实现跨国的信息交换、搜集和采集及协助调查。美国CFTC和SEC于

2002 年加入 IOSCO，并分别于同年 12 月和 11 月签署 MMoU。我国于 2007 年签署《磋商、合作及信息交换多边谅解备忘录》，开始在多边监管合作框架下，开展与境外监管机构的跨境监管执法合作。通过 MMoU 途径，不同国家地区间信息交换和协助调查的次数越来越频繁。

（4）IOSCO 增强版的多边备忘录

2017 年，IOSCO 又通过了增强版的多边备忘录（EMMoU），新增五项跨境执法权限要求，分别为获取审计底稿、强制问询、冻结资产、获取互联网服务提供商记录、获取电话记录。2018 年 4 月，美国 CFTC 签署了 EMMoU，将新增的五项跨境执法权限全部纳入监管协作范围。除 CFTC 外，巴哈马、新加坡、中国香港、加拿大英属哥伦比亚省、安大略省及魁北克省的证券监管机构也做出了同样承诺。英国、澳大利亚和韩国也签署了 EMMoU，但仅就其中三项跨境执法权限做出了协作承诺（包括获取审计底稿、强制问询和获取电话记录）。目前，中国证监会尚没有强制问询、获取互联网和电话记录等执法权力，难以签署 EMMoU。[1]

实践中，美国证券期货监管机构对外国交易者在美国发生的违法违规行为进行了属地管辖，调查和处罚时有发生，其中处罚多以罚款结案。

---

[1] 左永刚：《证监会：正配合立法部门修改完善证券法》，《证券日报》2018 年 6 月 14 日。

二、外商投资、贸易与金融自由

（一）外商投资市场准入

根据美国传统基金会（The Heritage Foundation）发布的《2023年经济自由度指数》全球数据中，上海为48.4分（第154名），被划分在"不太自由"区段。新加坡为83.9分（第1名）、伦敦为69.9分、纽约为70.6分、东京为69.3分、巴黎为63.6分（见图2-25）。

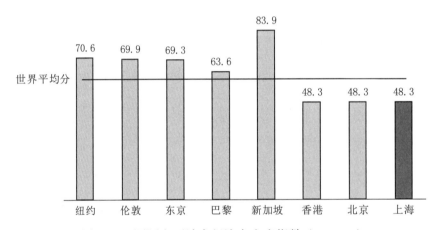

图 2-25　国际主要城市经济自由度指数（0—100）

数据来源：美国传统基金会《2023年经济自由度指数》。

在投资自由度方面，上海（20分）远低于纽约（85分）、新加坡（85分）、伦敦（80分）、巴黎（75分）和东京（60分）。在金融自由度方面，上海（20分）也远低于纽约（80分）、新加坡（80分）、伦敦（80分）、巴黎（70分）和东京（60分)（见图2-26）。

纵向比较2011年至2020年上海的外商直接投资限制指数，该指数从2011年的0.436逐年下降至2020年的0.214，降幅为103.74%，并不断向OECD国家平均数靠近（见图2-27）。事实上，我国正在不。断压缩外商投资准入负面清单和放松股比限制，2018年新能源

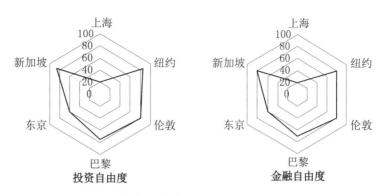

图 2-26　世界主要城市投资自由度和金融自由度指数（0—100）

数据来源：美国传统基金会《2023 年经济自由度指数》。

汽车与专用车股比限制取消；2019 年要求全面取消在华外资银行、证券公司、基金管理公司等金融机构业务范围限制以及其他限制，使得外商投资金融机构实现准入也准营；2020 年发布《境外机构投资者境内证券期货投资资金管理规定》，落实取消合格境外机构投资者（QFII）和人民币合格境外机构投资者（RQFII）投资额度的限制。[1]

图 2-27　2011—2020 年上海和 OECD 平均外商直接投资限制指数（0—1）

数据来源：世界经济合作与发展组织（OECD）。

---

[1]　崔凡:《让开放的大门越开越大——评 2020 年版外商投资准入负面清单》,《财经界》2020 年 6 月 24 日。

但横向比较 2020 年 OECD 外商直接投资指数的得分，上海的外商直接投资限制仍较高，为 0.21，远高于纽约的 0.09、新加坡的 0.06、东京的 0.05、巴黎和伦敦的 0.04（见图 2-28）。

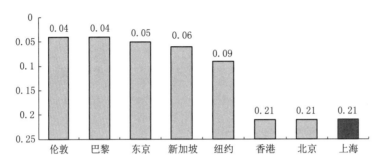

图 2-28　2020 年世界主要大都市外商直接投资限制指数（0—1）

数据来源：世界经济合作与发展组织（OECD）[1]。

（二）外商直接投资信心

科尼尔《全球城市指数》（GCI）对全球 120 多座城市的投资环境进行了评估排名，根据其中的外商直接投资信心指数（FDICI），上海得分为 1.898，排名全球第 9，在所有样本城市中处于中上水平。纽约、东京、伦敦、巴黎在全球前 10 名以内，分别为第 1 名、第 4 名、第 5 名、第 6 名。可见，几大国际主要城市在外商直接投资信心指数排名中占据一定优势地位（见图 2-29）。

纵向比较，上海的外商直接投资信心指数得分在 2020 年至 2022 年间经历了轻微波动，从 2020 年的第 8 名，先下降至 2021 年的第 12 名，2022 年又上升至第 9 名。尽管新冠疫情防控和中美关系不确定性，给跨国企业带来了一些担忧，但中国疫情后的复苏最为迅速和强劲，中国稳定的宏观基本面和持续对外开放的举措，在时间的检验

[1]　说明：该指数得分越高，外商直接投资限制越多；该指数得分越低，外商直接投资限制越少。

下，重塑了跨国企业对中国的信心。

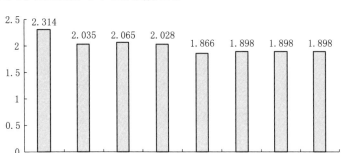

图 2-29　世界主要城市外商直接投资信心指数（0—2.5）

数据来源：科尔尼《2023 年全球城市指数》。

（三）货币和金融自由度

图 2-30 显示，上海的货币自由度及金融自由度均低于纽约、伦敦、东京、巴黎、新加坡等国际主要城市，尤其是金融自由度仅为 20，远远低于其他几个国际主要城市（均超过 60）。

与此同时，在上海对标的纽约、伦敦、东京、巴黎、新加坡、香港等国际主要城市，资本账户开放方面的国际排名均为并列第一，但上海则由于资本账户尚未完全开放，仅位列全球第 99 名。

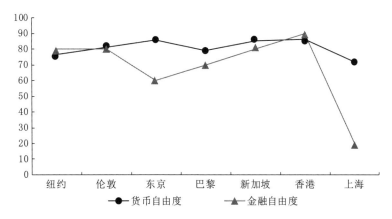

图 2-30　国际主要城市货币自由度和金融自由度（0—100）

数据来源：美国传统基金会《2023 年经济自由度指数》。

专栏4　自由开放铸就伦敦金融城

伦敦是世界最大的国际金融中心之一，并长期保持着竞争优势。根据英国伦敦 Z/Yen 集团与中国（深圳）综合开发研究院联合发布的第 33 期全球金融中心指数（GFCI），伦敦排名第二，是仅次于纽约的全球金融中心。

开放自由的市场是铸就伦敦国际金融中心地位的重要原因。根据美国传统基金会（The Heritage Foundation）发布的《经济自由度指数》，伦敦的金融自由度指数一直位于世界前列。伦敦金融城开放自由的金融环境与第一次金融"大爆炸"密切相关。1986 年，撒切尔政府实施了以金融自由化为特征的第一次金融"大爆炸"。这次改革对内放松管制、对外开放了金融服务业。英国政府和伦敦证券交易所签订了著名的 Parkinson-Goodison 改革协议，交易所会员同意在三年之内放弃固定佣金制，同时结束自身的垄断地位，接受外国公司成为交易所的会员。该协议于 1986 年正式实施。这在当时给本土证券公司带来了沉重的打击，但现在看来，改革所创造的开放自由的金融环境给英国带来的收益是巨大的。无论是本土机构的重生，还是高端要素在伦敦金融城的集聚，都说明了这次改革对英国金融体系带来的根本性变化，这也是伦敦金融城成为国际金融中心的重要原因。

正是由于开放自由的金融环境吸引众多高端要素集聚伦敦金融城，这也为伦敦金融城金融发展提供源源不断的要素支持与保障。金融机构集聚伦敦金融城，包括证券公司、银行、黄金交易市场和保险市场等。除了英格兰银行（英国中央银行）和伦敦证券交易所外，世界100家大银行中有5家总部位于伦敦城，英国其他银行和大约250家外资银行机构在此从事国际银行业务；同时，伦敦金融城还拥有世界最大的黄金交易市场和有色金属交易市场；此外，伦敦金融城有伦敦保险市场，它是世界保险和再保险中心。

国际高端人才集聚伦敦金融城。从就业数据来看，据2021年2月《城市数据简报》，2019年伦敦城就业人数达到创纪录的54.2万人，占大伦敦市总就业人数的10%，其中金融、专业和商业服务的就业人员达38.6万人，分别占总数的35%、24%和12%；科技服务业的就业人员占7%。伦敦城人才资源库在欧洲首屈一指，特点十分突出，为城区发展提供了源源不断的动力。国际化是伦敦城就业市场最大特点。40%的员工出生在英国境外，其中16%来自欧洲，24%来自世界其他地区。按国别计，英国境外出生的员工主要来自法国、爱尔兰、印度、澳大利亚、南非和美国。按行业论，银行、管理咨询、技术、法务、保险及养老金和会计服务的外籍员工占比分别为50%、36%、35%、27%、27%和26%。其次，高端人才占比高。

2020年，城内72%员工从事高技能工作，而在英国全国该比例仅为49%。[1]

高度自治的治理模式有力配合金融实力提升。2006年，伦敦自治机构易名为伦敦城公司（The City of London Corporation），新名称代表了伦敦城的公司治理模式和结构。英国王室和政府赋予伦敦金融城独特的战略地位，这使伦敦金融城在政策制定与执行方面不会轻易受到英国政府党派更迭的影响，从而保持了政策的连续性与稳定性。伦敦金融城充分考虑企业利益，为企业提供充分表达自己意愿的舞台，重视提高企业在伦敦金融城公司治理事务上的话语权，在选举制度上赋予企业更多的投票权。[2]

三、商务成本

（一）用地成本

根据普华永道最新发布的《机遇之城2023》，用写字楼租金衡量

---

[1] 王应贵：《如何打造国际金融中心？伦敦金融城治理模式对前海的启示》，《21世纪经济报道》2021年9月29日。

[2] 伦敦金融城以自己的选票决定政务议事厅（Court of Common Council）和议政厅（Court of Aldermen）地方议员人选。符合资格条件的城区居民可以投票，区内企业组织按员工数量获得相应的投票数。凡办公地点设在伦敦城的机构或组织，均可根据公司职员人数指派一定数量的投票人。2017年城区居民有7700人，而企业票数超过24000张。王应贵：《如何打造国际金融中心？伦敦金融城治理模式对前海的启示》，《21世纪经济报道》2021年9月29日。

商业用地成本。上海以及国内其他主要城市，如北京、广州、深圳、杭州、南京、香港，用地成本得分都较低，均低于 10 分（满分为 51 分）。从全球来看，普华永道《机遇之都 7》数据显示，上海以及对标的多个国际主要城市都存在用地昂贵的问题，用地成本的得分都较低，均低于 10 分（满分 30 分）（见图 2-32）。优越的地理位置和巨大的商业机会，使得上海等国际主要城市成为了商家企业争相角逐的地

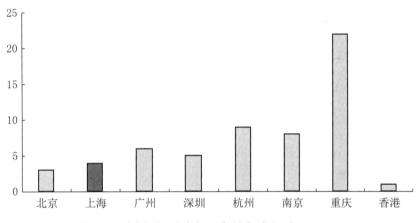

图 2-31 国内主要城市写字楼租金得分（0—51）

数据来源：普华永道《机遇之城 2023》。

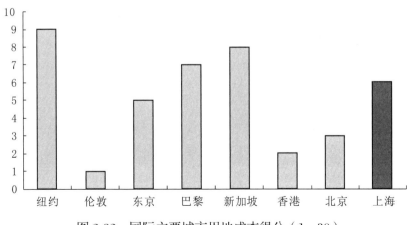

图 2-32 国际主要城市用地成本得分（1—30）

数据来源：普华永道《机遇之都 7》。

点，从而推高了房地产价格，导致企业成本增加。用地成本高，成为许多大城市所不得不面对的现实。

（二）用工成本

根据图 2-33，上海的劳动力成本显著低于其他对标城市。根据 Numbeo 2023 年的最新调研数据显示，上海的月平均收入为 1421.26 美元，约为香港的一半，且还不到纽约的四分之一。低廉的用工成本可以一定程度上降低企业的总成本和资金压力。但是，较低的工资收入水平也意味着对于人才，尤其是国内外优秀人才的吸引力降低，不利于上海与其他国际化大都市的竞争。

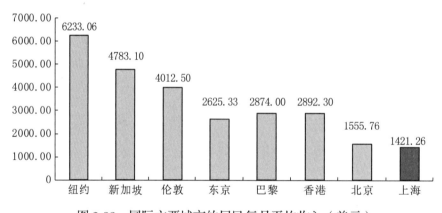

图 2-33　国际主要城市的居民每月平均收入（美元）

数据来源：Numbeo（2023）。

（三）资金成本

由中国（深圳）综合开发研究院与伦敦 Z/Yen 集团发布的 2023 年《国际金融中心指数》（GFCI）显示（见图 2-34），上海的金融市场发展水平较高，排名世界第七，已经超越巴黎及东京，并接近于新加坡与香港。金融市场发展越完备成熟，意味着企业有更多的机会和渠道获得资金。

但是企业在上海获得信贷的资金成本仍较高。根据世界银行发布的贷款利率，上海的贷款利率达到了4.3%，这一数据远超伦敦（0.5%）及东京（1%），高于纽约（3.9%），略低于新加坡（5.3%）及香港（5%）。较高的资金成本会给企业（尤其是对中小型企业）的经营活动造成沉重负担。

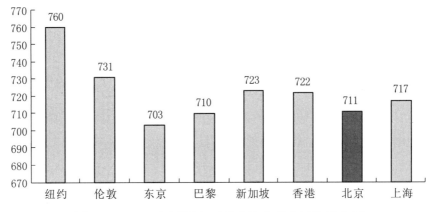

图 2-34　2023 年国际主要城市的金融市场发展水平

数据来源：中国（深圳）综合开发研究院和伦敦 Z/Yen 集团《国际金融中心指数》（GFCI）。

四、人才流动、吸引人才与人力资源

（一）人力资源

企业是否能创新发展，关键靠人。人力资源，为发展经济和社会事业提供必要的劳动力。上海的劳动人口数量在国际主要城市排名处于中游（见图 2-35）。根据瑞士洛桑国际管理发展学院发布的《2022年世界人才报告》，从人才层次上看，近年来上海高端人才与技术人员水平都所有提升。其中，高级经理人数量处于几座国际主要城市的

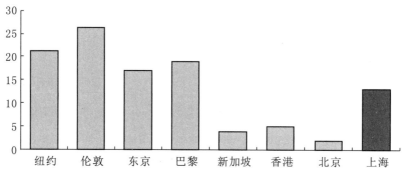

图 2-35　国际主要城市劳动人口的得分（1—30）

数据来源：普华永道《机遇之都 7》。

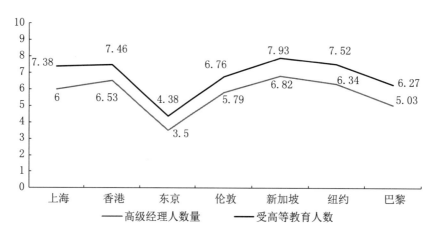

图 2-36　国际主要大都市高级经理人数量（1—10）和受高等教育人数（1—10）得分

数据来源：瑞士洛桑国际管理发展学院《2022 年世界人才报告》。

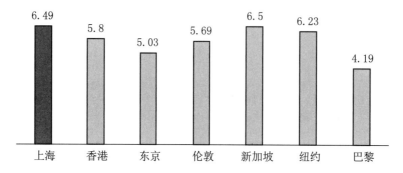

图 2-37　国际主要城市技术工人数量的得分（0—10）

数据来源：瑞士洛桑国际管理发展学院《2022 年世界人才报告》。

中游，上海技术工人的数量已接近于位列第一的新加坡（见图 2-36、图 2-37）。在员工激励方面，上海的得分在 7 座国际主要城市中排名首位（见图 2-38）。

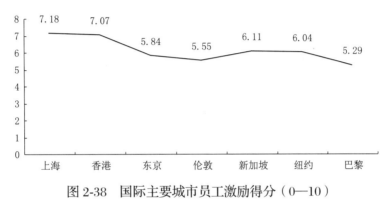

图 2-38　国际主要城市员工激励得分（0—10）

数据来源：瑞士洛桑国际管理发展学院《2022 年世界人才报告》[1]。

（二）人才吸引力

预期收入与生活成本在很大程度上，影响到城市对人才的吸引力。收入上限决定了城市对人才吸引力的上限，成本底线构成了进入城市生存的门槛。一般而言，生活成本与吸引力成反比，收入与吸引力成正比。根据 Numbeo 2023 年 7 月的数据显示，相比于纽约、伦敦、新加坡等国际主要城市，上海的生活成本相对较低，得分接近于纽约的一半，但收入水平的得分偏低。[2] 相比于纽约（100 分）、巴黎（77.6 分）、伦敦（82.8 分）等城市，上海（43.4 分）的生活成本相对较低，略高于北京（41.5 分）（见图 2-40）。但相比于其他国际大都市，上海的购买力（41.5 分）也较低，在样本城市中排倒数第一，

[1]　说明：员工激励是指公司对于员工的奖励。

[2]　鲍晓晔、奚润禾：《通过问卷调研看上海市高新技术企业科技创新环境》，《科技中国》2021 年。

对上海吸引人才有一定影响。

图 2-39 显示，在几座国际主要城市中，东京、巴黎在 2022 年成为了外籍人才的首选之地。上海对于外籍人才的吸引力与东京、巴黎相比仍存在差距，但高于伦敦（伦敦的吸引力最低），略高于香港。

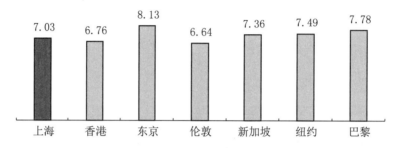

图 2-39　国际主要城市外籍人才吸引力的得分（1—10）

数据来源：瑞士洛桑国际管理发展学院《2022 年世界人才报告》。

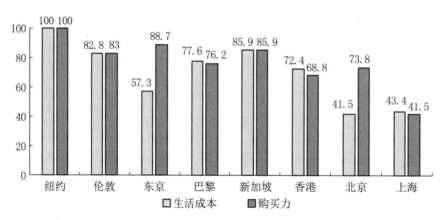

图 2-40　国际主要城市生活成本和购买力（以纽约为 100 参照进行计算）

数据来源：Numbeo（2023）。

（三）人才流动

人才是否能够自由流动，是跨国公司、外商投资企业关注的问题。目前，上海在人才国际流动方面仍有进一步提高的空间。上海的免签入境出发地，只有其他主要城市的一半不到，导致外籍人才不能自由地来沪工作或出差，必须事先办理签证手续。在外籍关键人才限制方面，限制显著多于其他主要城市，从而制约了外商投资的自由和企业的发展。比较发现，目前伦敦和新加坡对外籍人才限制较少，均为0分。上海（0.05分）在外籍关键人才限制方面限制显著多于其他主要城市，影响了人才跨境流动，导致了企业引进外籍专家和研发人才难，制约了外商投资的自由和企业的发展。入境限制与外籍人才限制影响人才跨境流动。

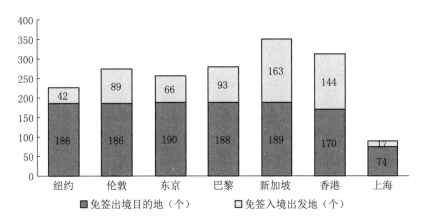

图 2-41　国际主要城市免签出境目的地和免签入境出发地

数据来源：DHL（2019）。

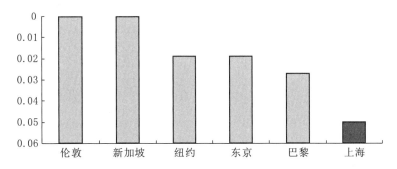

图 2-42　国际主要城市外籍人才限制的得分（0—0.1）

数据来源：OECD（2019）[1]。

---

[1]　说明：该指数得分越高，对外籍人才限制越多；该指数得分越低，对外籍人才限制越少。

专栏5　香港优秀人才入境计划

　　香港特别行政区入境事务处的"优秀人才入境计划"（以下简称"优才计划"）吸引了相当数量的人才赴港工作。该计划于2006年2月23日公布，于当年6月开始实施，每年配额为1000个，2020年增至每年2000个，2021年再增加至每年4000个，自2023年起两年内年度配额取消。[1] 从2021年数据看，优才计划成功吸引了2004名申请人，其中1979人通过"综合计分制"，25人通过"成就计分制"。申请人中男性占多数（70%），女性占30%，年龄结构主要集中在青年（18至39岁）。行业分布中，28%来自资讯科技及电信行业，25%来自金融及会计服务行业。有54%的申请人拥有硕士学位或两个及以上学士学位，33%的申请人拥有博士学位或两个及以上硕士学位，且80%的申请人具有不少于5年的工作经验。这些高学历和高技术的年轻人才将有助于提升香港的科技创新能力和金融服务水平。

　　香港的优秀人才入境计划旨在吸引优秀人才和高技术人才，以提升香港的竞争力。申请人无需事先获得香港本地雇主聘任，只要满足基本资格，并根据计分制度获得相

---

[1]《立法会十五题：优秀人才入境计划》，载中华人民共和国香港特别行政区政府新闻公报官网，2022年1月19日，访问日期2023年5月30日。

应分数来竞争配额。计分方式有综合计分制和成就计分制两种。综合计分制考虑年龄、学历/专业资格、工作经验、人才清单、语文能力和家庭背景六个得分范畴，达到80分即获得了申请资管，最高可得245分。而成就计分制是为具有超凡才能或技术并拥有杰出成就的个别人士提供的，只要符合其中一项要求，即可获取245分。获批准的申请者可带其配偶及18岁以下未婚子女来港。由于子女就读和升学、个税补贴、购房优惠等政策支持，吸引了大量中国内地的申请者。2021年数据显示，大部分申请者来自中国内地（93%），也有一部分来自加拿大（2%）、澳大利亚（1%）和美国（1%）。

五、科技创新资本、机构与人才

（一）科技创新资本

　　金融和科技的融合程度，对企业的融资环境具有重要的影响。利用金融创新，高效、可控地服务于初创企业的新金融业态和新产品，例如天使投资、风险投资和PE、公司创投、科技银行等因素对初创企业的金融支持。[1]观察2018年全球风投数据（见图2-43），发现北京的风投规模已经超过了纽约，位列世界第一。而上海的风投仅

---

[1]　刘江会、黄国妍、鲍晓晖：《顶级"全球城市"营商环境的比较研究——基于SMILE指数的分析》，《学习与探索》2019年第8期。

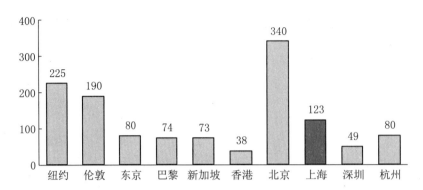

图 2-43　2018 年国际主要城市风险投资规模（亿美元）

数据来源：Savills。

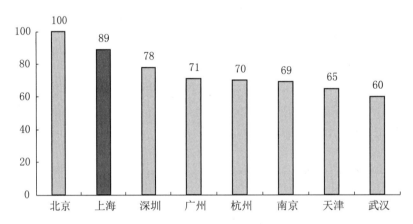

图 2-44　2021 年中国主要城市科创金融综合指数（0—100）

数据来源：清科集团《2021 年中国城市科创金融发展指数》。

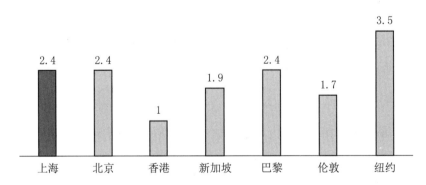

图 2-45　2022 年国际主要城市的研发投入（% GDP）

数据来源：世界知识产权组织、康奈尔大学和欧洲工商管理学院《全球创新指数（GII）2023》。

约为北京的三分之一，纽约一半。从国内范围来看，根据清科集团《2021年中国城市科创金融发展指数》，上海的科创金融发展水平仅次于北京，明显高于其他城市。对于政策环境，北京得分稳居第一位，深圳也超越上海成为第二名，因此，上海的科创金融政策环境有待提升。在研发投入方面（见图2-45），上海的研发投入占GDP的比重在国际主要城市中位于中间位置。

（二）科技创新人才

科技是第一生产力，而科技创新人才对于科技的发展至关重要。从2022年国际主要城市从事科研的人员数量来看，上海和北京的科研人员数量得分为58.5分，与排名第一的纽约72.3分相比，相差13.8分。从人才储备（受高等教育人数）来看，根据普华永道《机遇之都7》，2018年上海得分仅为7分（得分1—30），在几座国际主要城市中排在最后一名。普华永道最新发布的《机遇之城2023》对国内城市进行研究，上海在受高等教育人数方面的得分是33分（得分51分），与得分最高的广州相差18分。

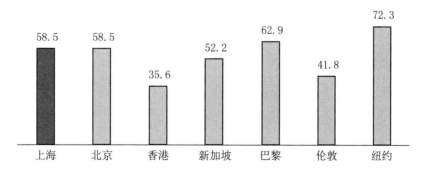

图2-46　2022年国际主要城市科研人员数量得分（0—100）

数据来源：世界知识产权组织、康奈尔大学和欧洲工商管理学院《全球创新指数（GII）2023》。

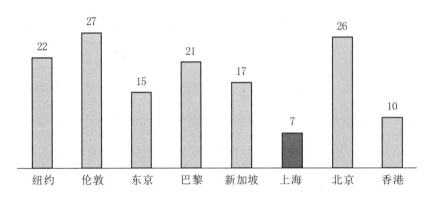

图 2-47   2018 年国际主要城市受高等教育人数的得分（1—30）

数据来源：普华永道《机遇之都 7》。

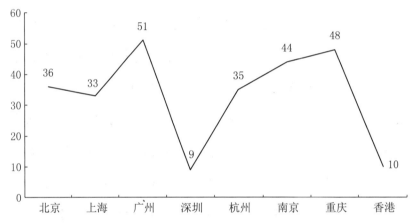

图 2-48   2023 中国主要城市受高等教育人数规模的得分（0—51）

数据来源：普华永道《机遇之城 2023》。

在数学理科人才方面，上海一直具有优势。普华永道《机遇之都 7》数据显示，2018 年上海的得分为 30 分，在几座国际主要城市中排第一。在瑞士洛桑国际管理发展学院《2022 年世界人才报告》中，新加坡的理科毕业生人数占毕业生总数的比例为 36.27%、法国 25.89%、英国 22.75%、日本 21.77%、美国 19.55%。由于在《2022 年世界人才报告》中国该数据缺失，本书采用《2022 年世界人才报告》的方法论根据国家教育部和上海市统计局 2022 年 6 月公布的

2021年高校毕业生数据进行计算。中国高校毕业生总人数为5053731人，其中理科毕业生为2509306人，占比49.65%；上海高校毕业生总人数为92227人，其中理科毕业生40158人，占比43.54%。

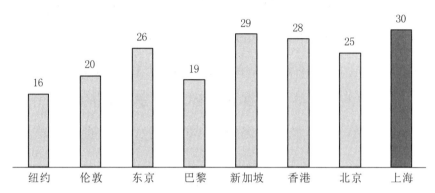

图 2-49　2018年国际主要城市数学理科人才的得分（1—30）

数据来源：普华永道《机遇之都7》。

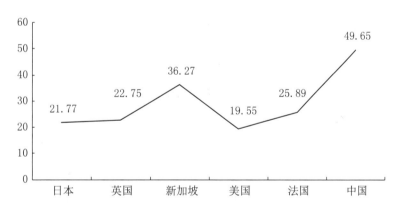

图 2-50　中国、美国等国家高校理科毕业生人数（% 毕业生总数）

数据来源：瑞士洛桑国际管理发展学院《2022年世界人才报告》、中国教育部（2022）。

（三）科技创新机构

科技创新机构既培育了科技人才，也不断研发出科技成果。但目前科技创新机构的实力、成果和商业化均偏低。从 QS Top500 高校个数看（见图 2-51），伦敦排名第一、拥有 9 所 QS Top500 高校，上海有 4 所，北京有 6 所。

　　产学研合作是指企业、科研院所和高等学校之间的合作，反映了促进技术创新所需各种生产要素的有效组合和商业化水平。近年来，上海在产学研方面取得了显著的进步。根据世界知识产权组织、康奈尔大学和欧洲工商管理学院《全球创新指数（GII）2023》，上海在产学研合作方面的评估得分从 2019 年的 56.5 分（满分 100 分），提升至 2023 年的 70.1 分，与第一名纽约（79.6 分）差距缩小了很多。

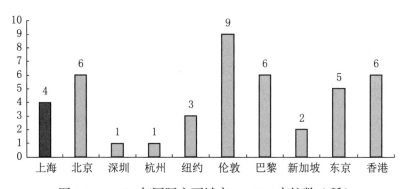

图 2-51　2023 年国际主要城市 Top500 高校数（所）

数据来源：QS Top University。

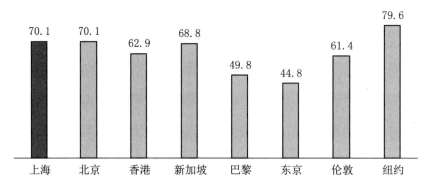

图 2-52　国际主要城市产学研合作的得分（0—100）

数据来源：世界知识产权组织、康奈尔大学和欧洲工商管理学院《全球创新指数（GII）2023》。

专栏6 纽约成功转型科技创新中心

2008年全球金融危机爆发后，纽约意识到过度倚重金融业的单一发展模式存在巨大风险，城市经济的可持续增长必须更加注重经济基础的多元化。2009年，纽约市政府发布《多元化城市：纽约经济多样化项目》的研究报告，重点围绕生物、绿色、制造、时尚、金融、媒体等新兴科技产业进行布局。[1] 曾经深度依赖金融业的纽约现在逐渐向科技创新发展转型，致力于塑造成为全球的科技创新中心城市。2022年11月发布的《全球科技创新中心发展指数2022》中，纽约为综合排名第二的科技创新中心，仅次于旧金山-圣何塞。

1. 建设科学技术园区，打造创新人才高地

科技创新人才，特别是理工科人才的集聚，不仅会吸引大量商业资本流向高科技产业，还会催生一大批新兴科技初创企业，这些是推动城市科技转型的重要力量。在2009年，纽约市长麦克·布隆伯格推出了"应用科学NYC"计划，该计划的核心目标是吸引全球优秀的理工科学院在纽约设立校园和科技园，以此来培育高质量的应用科技人才，助力纽约经济结构的转型并在新的数字化世界

---

[1] 李建华：《纽约向全球科技创新中心转型的成功经验》，《全球科技经济瞭望》2022年5期。

中发挥引领作用。其中，首先建立且规模最大的康奈尔大学和以色列理工学院合作的康奈尔理工大学（Cornell Tech）自 2012 年正式创办以来，学生就业指数为 100%，其中有 63% 的毕业生选择在纽约市就业，86% 的毕业生选择在科技领域就业，14% 的毕业生选择创办自己的科技企业。[1]另外两个项目——纽约大学主办城市与科学进步中心（CUSP）、哥伦比亚大学主办数据科学与工程学院和卡内基梅隆大学主办的综合媒体项目也为纽约市创新科技的发展供给了大量的知识密集型人力资本。"应用科学"项目的亮点在于，未来 30 年里，将对整体经济产生超过 330 亿美元的影响，新增 48000 个工作岗位，孵化将近 1000 家衍生企业，且将使纽约市现有的全日制工程研究生人数和工程学院翻一倍以上。[2]

此外，2014 年纽约市实施了名为"科技人才管道"的计划，该计划投入了一千万美元用于技能培训，其目标是为了架构纽约市政府、企业雇主与学习者之间的连接，从而加速纽约的科技创新进步。

2. 推动建设高空间灵活性、组织流动性以及功能混合性的"众创空间"

"众创空间"为纽约社会化创新创业环境的培育起到

[1]　张肖伟、卓泽林：《从金融中心转向科创中心：高等教育集群赋能城市转型发展——基于纽约市的探讨和分析》，《华东师范大学学报》（教育科学版）2023 年第 2 期。

[2]　NYC EDC, *Applied Sciences NYC*, https://edc.nyc/project/applied-sciences-nyc.

了至关重要的作用。纽约采取"政府先引导、企业后跟进"的策略和模式，早期纽约市政府引导下，一些相关的大学、科学研究机构、民间团体和企业等共同参与到"众创空间"的创建中，获得政府资金的支援，然而政府并不涉足其运营和管理的具体事务，而后，吸引并集聚私人企业或机构主导成立和营运的市场化"众创空间"。据纽约市经济发展局（NYCEDC）公布的数据显示，2009年之前纽约市尚未有一家真正意义上的面向社会大众的众创服务机构，但截至2016年底，全纽约市范围内的"众创空间"数量已多达数百家。其中，由纽约市政府扶持和推动创建的创业孵化中心就有30多家，而且还拥有200多个低租金的共享办公地点供创业者使用[1]。

从功能内涵来看，"众创空间"有3种表现形态：

一是传统形式的"孵化器"和"加速器"（Accelerators & Incubators），其功能主要是为纽约的初创公司提供创业孵化和创业加速服务。例如纽约市经济发展局、纽约大学POLY理工学院与房地产开发商大卫·瓦伦塔斯（David Walentas）的两棵树公司（Two Trees Management Company）在布鲁克林的历史文化艺术街区Dumbo区联合建立了"Dumbo孵化器"项目（Dumbo Incubator）。从Dumbo孵化器成立之初，大卫以极大的优惠为初创企业提供支持。

[1] 盛垒：《"众创空间"如何推动城市发展？看纽约如何做！》，载搜狐网，2019年9月10日。

如公司以每平方英尺 3.5 美元的高补贴率为 Dumbo 孵化器提供了 6440 平方英尺的空间，提供六个月的免租服务；当 Dumbo 区的科创企业初具规模之后，大卫为初创公司提供灵活的租赁条款、可定制的办公空间预建和免费的扩建等空间定制化服务，迎合具有前瞻性思维的初创公司和知名品牌的办公需求[1]。如今，Dumbo 区从没落的工业区转变为新兴科技、文化创意、广告业等聚集的活力产业区。

二是"联合办公空间"（Co-working Space）是一种较为创新的办公模式，较为熟知的 WeWork 提供的就是共享办公空间服务。不同创新主体通过共享办公设施、环境和相关服务来降低办公室租赁成本。这种办公方式使得创新过程从隔离的单一活动转变为跨领域的"协同共创"，并将习惯的工作过程塑造成一种"微型社交"（Micro Social）文化现象，广受创新者们的喜爱。

三是"实验空间"（Lab Space）。纽约市政府鼓励和支持高校与科研机构向社会开放实验设施，还以公私合营方式成立"城市未来实验室""哈林生物科技空间""亚历山大生命科技中心"等公共实验平台，为中小科技公司解决实验成本昂贵和缺少试验场所的问题。[2]

[1] 张星云：《布鲁克林 Dumbo 区的逆袭之路——看"高位循环"如何破解区域升值难题》，载网易网，2022 年 9 月 22 日。
[2] 洪娜、盛垒、黄亮、张虹：《从资本驱动到创新驱动——纽约全球科创中心的崛起及对上海的启示》，《城市发展研究》2015 年第 10 期。

纽约"众创空间"将高等教育机构、企业等多元主体联系起来,为创新主体搭建了多样化创新平台,降低了创业准入门槛,激发了纽约的创新创业活力。与此同时,城市将把"共创空间"纳入其公共服务设施系统,以指导这些共创空间形成网络化和层次化的布局,进一步推动纽约的创新集群扩展。纽约市经济发展局的统计数据显示,自2009年以来,纽约市新增的初创科技公司数量远远超过1000家,其中有600家以上都是在这些"众创空间"中成立并获得成长[1]。

3.设立各类投资基金和贷款基金,为创新企业提供资金扶持

纽约合作基金(Partnership for NYC)致力于投资使纽约经济更强劲和包容的创新企业。该合作基金有2个投资标准,一是在纽约或获得资金后搬迁至纽约的企业;二是优先考虑能丰富当地经济和扩大就业机会的企业。根据纽约合作基金官网显示,合作基金已投资1.92亿美元以保持市场竞争优势,5300万美元投资于女性和少数族裔领导的公司[2]。

---

[1]　盛垒:《"众创空间"如何推动城市发展?看纽约如何做!》,载搜狐网,2019年9月10日。

[2]　Partnership for New York City, *Partnership for New York City. Our Focus*, https://partnership fundnyc.org/our-focus/.

除了设立基金支持科创企业成长，纽约政府还出台多项融资激励计划，减轻创业者资金负担：一是实施小微企业融资补充计划。纽约政府于 2010 年设立"纽约创业投资基金"，专为纽约本土早期新创企业提供 2 万—20 万美元不等的资金。同时实施"小微企业贷款担保计划"，由政府为小微型企业提供最高 50% 的贷款担保；二是提供多项优惠政策激励，包括能源补贴、税费抵扣、租金优惠等。[1] 例如，符合纽约"新兴科技"定义的企业，如新媒体、信息技术、高新材料、生物科技等领域，能获得每年最多 30 万美元税费抵免[2]。

六、交通与通信基础设施联通

基础设施是城市营商环境的基本硬件组成，也是影响企业日常经营的基本外部环境之一，对企业经营的外部成本和效益影响重大。这一维度主要针对城市交通设施、信息通信等公共设施进行评价。[3]

---

[1] 洪娜、盛垒、黄亮、张虹：《从资本驱动到创新驱动——纽约全球科创中心的崛起及对上海的启示》，《城市发展研究》2015 年第 10 期。

[2] 盛垒：《"众创空间"如何推动城市发展？看纽约如何做！》，载搜狐网，2019 年 9 月 10 日。

[3] 温珙竹、刘金陈、李艳玲：《"中国城市营商环境报告 2018"：谁是企业入驻首选城市？》，《经营管理者》2019 年第 1 期。

（一）城市间交通

港口货物吞吐量是港口生产能力的衡量指标之一。港口运输联通有利于促进国际贸易发展，优化上海营商环境，提升上海的城市能级和核心竞争力。根据中国经济信息社联合波罗的海交易所发布的《2022 新华·波罗的海国际航运中心发展指数》，上海的航运能力在国际主要城市的排名靠前，位列世界第三。上海航运能力较强，资源

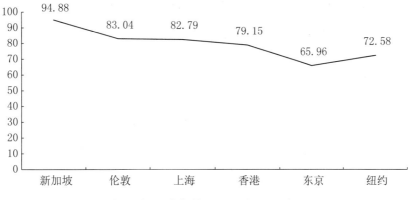

图 2-53　国际主要城市航运中心发展得分（0—100）

数据来源：中国经济信息社、波罗的海交易所《2022 新华·波罗的海国际航运中心发展指数》。

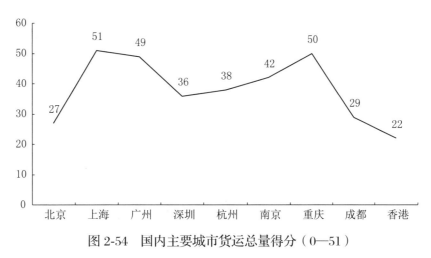

图 2-54　国内主要城市货运总量得分（0—51）

数据来源：普华永道《机遇之城 2023》。

集中，市场环境优良，物流效率高，使得上海的资源配置效率不断提高。在国内范围，普华永道《机遇之城 2023》的数据显示，上海的货运能力得分为 51 分（满分），在国内城市中排名第一。

机场的繁忙程度、航线数量等反映了城市与国内外其他城市的联通性，航空运输对于企业营商环境的人员流动、物流、贸易等方面均有影响。上海拥有浦东和虹桥两大国际机场。在国内范围，上海的机场联通性排名第一。在全球范围，上海在机场联通性上处于中等水平，排在伦敦、巴黎、纽约之后，北京、东京、新加坡、香港之前。

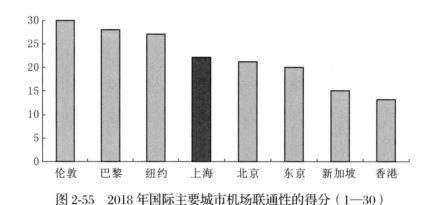

图 2-55　2018 年国际主要城市机场联通性的得分（1—30）

数据来源：普华永道《机遇之都 7》。

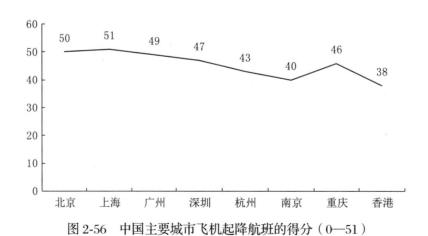

图 2-56　中国主要城市飞机起降航班的得分（0—51）

数据来源：普华永道《机遇之城 2023》。

（二）城市内部交通

Numbeo 的通勤指数中相关数据反映了城市内部交通的发展情况。根据图 2-57 显示，国际主要城市的平均通勤时间都超过了半

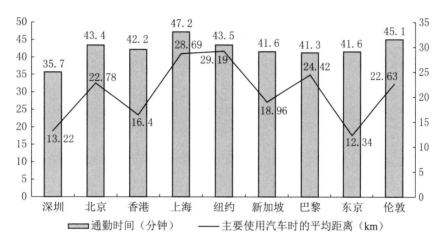

图 2-57　国际主要城市的平均通勤时间和通勤距离

数据来源：Numbeo（2023）。

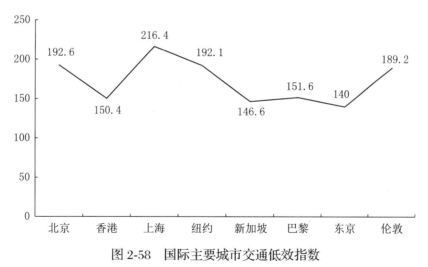

图 2-58　国际主要城市交通低效指数

数据来源：Numbeo（2023）[1]。

---

[1] 说明：交通低效指数是对城市内部交通效率进行评估，该指数越高说明效率越低。交通效率低通常与人们开车而非使用公共交通工具相关，并且还与通勤时间长有关。

小时，市民上下班所花费的时间都较长。横向比较，上海的平均通勤时间需要花费 47.2 分钟，通勤时间是八座城市中最长的。通勤距离远和通勤效率偏低是导致上海居民通勤时间长的主要原因。根据 Numbeo 的数据显示，上海的通勤距离在八座城市中第二远，交通低效指数在国际主要城市里最高。

与通勤时间紧密关联的拥堵情况方面（见图 2-59），根据普华永道《机遇之都 7》，上海的拥堵指数得分仅为 13 分（满分 30 分），在八座国际主要城市中，位列倒数第三。在市内交通通行上，上海不仅

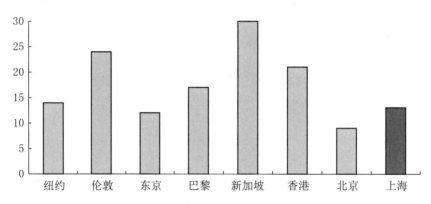

图 2-59　国际主要城市交通拥堵指数的得分（1—30）

数据来源：普华永道《机遇之都 7》。

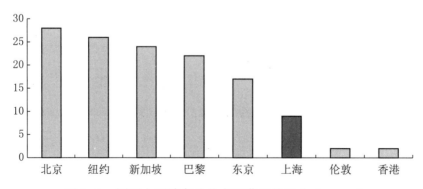

图 2-60　国际主要城市公共交通费用的得分（1—30）

数据来源：普华永道《机遇之都 7》。

花费时间长、拥堵较多，公共交通的费用也很贵。北京在公共交通费用最为经济，其次是纽约和新加坡，上海排名倒数第三。因此，上海应提升道路资源和公共设施的使用效率，较少交通拥堵和交通事故，同时降低通勤成本。

（三）网络通信

　　网络基础设施的发展是数字经济、信息技术等新产业、新业态、新模式以及科技研发的基础支撑。通信网络的发展可为高性能国际互联网访问需求的企业、产业发展提供有力支撑，逐步成为优化营商环境的重要内容。根据 Easypark2023 年最新发布的《未来城市指数》（ *the Cities of the Future Index* ），上海的互联网连接指标的得分在几座国际主要城市中排名靠后，反映出上海在提升网速和 5G 网络服务上

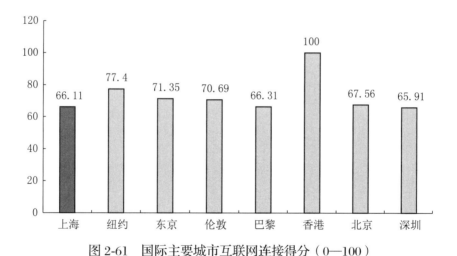

图 2-61　国际主要城市互联网连接得分（0—100）

数据来源：Easypark's the Cities of the Future Index（2023）[1]。

---

[1]　说明：该指标主要衡量城市中媒体上传和下载的网速、5G 的发展和政府对 5G 发展的支持、5G 的可获得性和 5G 网络服务提供商的数量等方面。

仍需发力。在 2019 年 Easypark 对全球 100 座城市的测评结果中，上
海的上网速度位于世界中列，但仍不到巴黎的二分之一，有较大的进
步空间。上海的无线网络覆盖点排名上，在全球 100 座城市中只有
第四十名，纽约、伦敦、东京、巴黎分别排名第一、二、五、六名
（见图 2-63）。

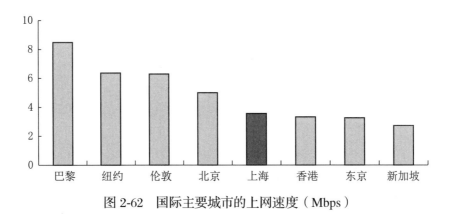

图 2-62　国际主要城市的上网速度（Mbps）

数据来源：Easypark's Smart Cities Index（2019）。

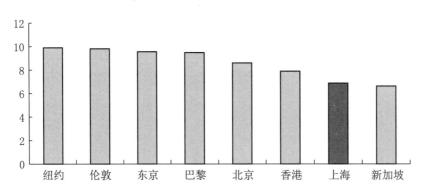

图 2-63　国际主要城市无线网络覆盖点的得分（第 100 名城市得分为 1.09 打分）

数据来源：Easypark's Smart Cities Index（2019）。

第三章
上海优化营商环境的改革举措与
先行先试的案例剖析

近年来，上海深入贯彻落实习近平总书记关于上海等特大城市要率先加大营商环境改革力度的重要指示，制定出台了优化营商环境领域的地方法规，实施了一系列优化营商环境的政策。在实践中，以"一网通办"为抓手，不断深化放管服改革，深化"一业一证"改革，大幅降低行业准入成本，完善优化营商环境法治保障，持续打造国际一流营商环境。

第一节　上海优化营商环境的制度创新与改革举措

一、上海市营商环境地方立法

2019年10月22日，《优化营商环境条例》出台，从国家层面确立了优化营商环境的基础性行政法规。2020 年 4 月 10 日，上海市人大常委会全票通过了《上海市优化营商环境条例》，成为上海市营商环境领域的综合性、体系性和基础性的地方法规。2021 年 10 月 28 日，市人大常委会又审议通过了对《上海市优化营商环境条例》的修改，在立法目的、长三角区域协同、规范查办涉企案件、"证照分离"改革、"一网通办"平台等方面修改或新增 17 条条款。在 2023 年 3 月 30 日召开的市人大常委会立法工作会议上透露，修改《上海市优化营商环境条例》已被列为正式立法项目。市发改委表示，修改后的条例将对标世界银行新版标准，固化近两年行之有效的优化营商环境政策举措，贯彻落实国家最新要求，并充分借鉴兄弟省市的好经验好做法。

　　除了《上海市优化营商环境条例》这一部专门针对营商环境领域的地方性法规，市人大常委会根据全国人大授权，还制定出台多部浦东新区法规，助力上海国际一流营商环境建设。2021 年 7 月 15 日，中共中央、国务院正式印发了《关于支持浦东新区高水平改革开放打造社会主义现代化建设引领区的意见》，支持浦东在改革系统集成和协同高效上率先试、出经验，放大改革综合效应，打造市场化、法治化、国际化的一流营商环境。2021 年修改的《上海市优化营商环境条例》中第五条新增一款，"浦东新区应当以打造社会主义现代化建设引领区为目标，加强改革系统集成，在优化营商环境方面大胆试、大胆闯、自主改"。第一批、第二批、第三批五部浦东新区法规均关于营商环境方面，即《上海市浦东新区深化"一业一证"改革规定》（2021 年 9 月 28 日通过，自 2021 年 10 月 1 日起施行）、《上海市浦东新区市场主体退出若干规定》（2021 年 9 月 28 日通过，自 2021 年

11月1日起施行）、《上海市浦东新区建立高水平知识产权保护制度若干规定》、《上海市浦东新区城市管理领域非现场执法规定》（2021年10月28日通过，自2021年12月1日起施行）和《上海市浦东新区完善市场化法治化企业破产制度若干规定》（2021年11月25日通过，自2022年1月1日起施行）。

二、上海优化营商环境政策梳理：从 1.0 版到 6.0 版

自2017年开始，上海已连续六年举办全市营商环境工作会议，并逐步推出了六个版本的优化营商环境改革方案，即从1.0版到6.0版。这些方案为上海持续提升其国际一流营商环境的水平提供了制度性的创新和支持（见表3-1）。

表 3-1　上海优化营商环境 1.0 版到 6.0 版

	发布时间	文件名称	主要领域	改革任务数量	特点重点
1.0 版	2017 年 12 月 22 日	《上海市着力优化营商环境加快构建开放型经济新体制行动方案》	围绕投资贸易便利化自由化、市场运行秩序、创新创业环境、政府经济治理水平、法制保障等五个方面	24	聚焦企业在沪投资兴业遇到的难点、痛点、堵点问题，系统实施具有较强针对性的改革举措
2.0 版	2019 年 2 月 11 日	《上海市进一步优化营商环境实施计划》	围绕对标改革、制度创新、精准服务和工作机制等四个方面	25	侧重于坚持系统实施，多维度、立体化、全方位推动营商环境持续优化

（续表）

	发布时间	文件名称	主要领域	改革任务数量	特点重点
3.0 版	2020 年 2 月 19 日	《上海市全面深化国际一流营商环境建设实施方案》	围绕明确总体要求、打响"一网通办"政务服务品牌、打造更具国际竞争力的营商环境、加强保护和激发市场主体活力的制度供给、落实组织保障等五个方面	36	突出"1+2+X"设计，标准更高且覆盖面更广，在顶层设计和制度创新上持续升级
4.0 版	2021 年 3 月 2 日	《上海市加强改革系统集成持续深化国际一流营商环境建设行动方案》	围绕优化政务环境、提升企业全生命周期管理服务、营造公平竞争市场环境等五个方面	31	在前三年改革经验的基础上，继续深化、细化、系统化各领域改革，加强地方事权系统集成，提升企业感受度
5.0 版	2021 年 12 月 27 日	《上海市营商环境创新试点实施方案》	围绕市场环境、政务环境、投资环境、涉外营商环境、创新环境、监管环境、企业全生命周期服务、创新引领高地、区域合作和法治环境等十个方面	35	更大力度保障市场主体发展活力，更深层次对标改革制度创新，更高水平推动营商环境数字化转型，更加突出优化事中事后监管
6.0 版	2023 年 1 月 28 日	《上海市加强集成创新持续优化营商环境行动方案》	从四方面推进：深化重点领域对标改革，提升营商环境竞争力；优化企业全生命周期服务和监管，提升市场主体满意度；支持重点区域创新引领，提升营商环境影响力；加强协调配合、督查考核、宣传推介	27	更加强调系统集成、全生命周期、跨前服务、数字赋能、一体开放和实效

（一）上海优化营商环境 1.0 版

2017 年底，上海正式印发了《上海市着力优化营商环境加快构建开放型经济新体制行动方案》，推出上海优化营商环境改革 1.0 版，拉开了 2018 年上海营商环境改革年的序幕。1.0 版聚焦企业在沪投资兴业遇到的难点、痛点、堵点问题，系统实施具有较强针对性的改革举措。随后上海相继出台了扩大开放"100 条"和促进民营经济健康发展"27 条"，制定了市场准入、施工许可、跨境贸易等十个方面的专项行动计划，全面细化落实方案改革举措。随着改革措施有序推进，改革成效初步显现，上海营商环境持续优化。根据世界银行发布的《2019 年营商环境报告》，中国总体排名较上一年上升 32 位，位列第 46 名。

（二）上海优化营商环境 2.0 版

2019 年 2 月，上海印发了《上海市进一步优化营商环境实施计划》，即上海优化营商环境 2.0 版。2.0 版方案侧重于坚持系统施策，多维度、立体化、全方位推动营商环境持续优化。首先，巩固世界银行评价对标改革成效，重点关注企业办理频率较高的政务服务，在办理环节、办理时间等方面给出明确的数量指标。其次，在制度创新和精准服务方面，通过打造"一网通办"政务服务品牌、自贸区制度创新、推进"证照分离"改革、加大中小企业扶持和知识产权保护力度，完善企业退出机制等具体举措，来推动营商环境体制机制完善、政府服务能力突破以及业务流程优化再造。方案实施后上海优化营商环境工作取得积极成效，根据世界银行《2020 年营商环境报告》，中国排名提升至 31 位。

（三）上海优化营商环境 3.0 版

上海营商环境 3.0 版围绕"1+2+X"设计，抓住"三个关键"和争当"三个表率"，标准更高且覆盖面更广。2020 年初，国务院《优化营商环境条例》正式施行，对营商环境工作提出了新要求。上海在系统总结国内外营商环境先进经验、调研和听取企业和市场对政务服务新需求基础上，形成了《上海市全面深化国际一流营商环境建设实施方案》，即上海优化营商环境 3.0 版改革方案。方案从明确总体要求、打响"一网通办"政务服务品牌、打造更具国际竞争力的营商环境、加强保护和激发市场主体活力的制度供给、落实组织保障等五个方面提出了 36 项改革任务。方案主要围绕"1+2+X"设计，抓住"三个关键"和争当"三个表率"。重点关注企业业务流程再造、增强企业改革获得感、推进优化营商环境地方立法工作等方面，通过实施突破性和引领性改革举措，形成一批可复制推广的治理经验，使上海成为高标准"一网通办"、高品质营商环境和高水平政府治理能力的表率。

（四）上海优化营商环境 4.0 版

4.0 版在前三年改革经验的基础上，涉及领域更广，覆盖面更大，普惠性和长效性更加明显，加强地方事权系统集成，提升企业感受度。围绕优化政务环境、提升企业全生命周期管理服务、营造公平竞争市场环境等五个方面提出 31 项任务共 207 条举措。在持续优化便捷高效的政务环境方面，4.0 版方案明确，实现政务服务可网办能力达到 95% 以上，推广在线身份认证、电子印章等技术，实现企业高频事项全覆盖，推进一批（不少于 100 项）基于企业专属网页的精准化服务应用场景等。其中，针对部分高频事项的"无人干预自动审批"为上海本次提出的创新举措。该举措提出后，符合系统设定的高频事项，均可由系统自动审批，无需人工干预，将进一步提升各大高频事项的审批效率。同时，上海已开始探索建立"窗口事务官"制度。在该制度下，高频事项将授权窗口直接完成业务办理，不适合直接向窗口授权的事项，可通过在线审批或向政务服务中心派驻具有审批权限的工作人员等方式，推动政务服务事项当场办结。

在"全面提升企业全生命周期管理服务"方面，对标世界银行《营商环境报告》标准，提出了12项任务。具备条件的各类企业均可使用无纸全程电子化方式办理设立登记；在全市推广实施企业名称告知承诺和住所、经营范围自主申报，实现符合条件的企业设立登记"即报即办"；加强企业开办服务与银行开户之间业务协同和信息共享；优化企业开办"一表申请"和"一窗发放"措施；进一步优化企业注销"一窗通"平台等。

在着力营造公平竞争的市场环境方面，上海将围绕市场准入、包容审慎监管、信用监管、"双随机、一公开"监管、综合执法、政府采购和招投标六个方面深化改革。围绕安商稳商全方位强化企业服务，市发改委指出，将以"一窗通办"系统平台建设为抓手，加快市、区两级平台建设。

一直以来，北京、上海、广州、深圳的营商环境在国内城市中位列前茅。通过比较北上广深的优化营商环境4.0版的改革政策（见表3-2）发现，具有以下共同点：（1）涉及领域更广，覆盖面更大。北京从七大环境全面推进改革，共277项任务；上海围绕优化政务环境等五大方面提出31项任务,共207条举措;广州研究提出了35条改革举措,共260项年度任务;深圳提出26个领域共计222项改革任务。(2)加强跨区域通办。北京明确在2021年实现140项企业生产经营和个人服务高频事项"跨省通办";上海探索以跨省(域)办成"一件事"为目标的跨省(域)通办服务;广州专门设置了一项关于政务服务事项"跨城通办"的任务,还提出与深圳共建政务服务"广深通办"机制;深圳推进高频政务服务事项"跨省通办""湾区通办",支持58项事项异地办理,新增高频政务服务事项"省内通办"。

北上广深的改革举措与各自城市定位息息相关,体现差异:(1)北京:4.0版改革目标是着力构建与首都城市战略定位相适应、与国际高标准投资贸易规则相衔接、与"两区"建设相匹配的营商环境,为企业在京更好发展提供更有利的条件。[1]更加注重系统性、整体性和协同性,强化系统集成、协同高效;更加注重聚焦关键领域重大问题,破解体制机制障碍。(2)上海:在前三年改革的基础上,继续深化、细化、系统化各领域改革,加强地方事权系统集成,提升企业感受度。(3)广州:围绕"国家试点、湾区示范、指标攻坚、涉企服务、数字赋能、智慧监管"六大方面总体布局,用"绣花功夫"继续深化、细化、系统化各领域改革。(4)深圳:从市场主体关心、评价指标关注两个维度出发,努力将深圳建设成为全球创新创业和投资发展的首选地。改革政策打的是一套"组合拳",由重点任务清单、工作方案和实施方案三部分构成。

---

[1] 江欣屏:《营商环境4.0,有何突破?》,《决策》2021年第375期。

表 3-2　北上广深优化营商环境 4.0 版的发布时间与政策文件

城市	时间	优化营商环境 4.0 版的政策文件
北京	2021 年 2 月 1 日	《北京市进一步优化营商环境更好服务市场主体实施方案》
上海	2021 年 3 月 2 日	《上海市加强改革系统集成持续深化国际一流营商环境建设行动方案》
广州	2021 年 5 月 10 日	《广州市用绣花功夫建设更具国际竞争力营商环境若干措施》
深圳	2021 年 6 月 17 日	《深圳市 2021 年深化"放管服"改革　优化营商环境重点任务清单》《深圳市 2021 年推进四个"十大"改革措施　持续打造国际一流营商环境工作方案》《深圳市贯彻〈深圳经济特区优化营商环境条例〉实施方案》

　　总结上海优化营商环境 4.0 版的重点和亮点。一是进一步加强改革的系统集成。扎实推动营商环境 4.0 版方案和构建全方位服务体系的工作方案落地，最大限度增强改革综合效应，深化、细化、系统化各领域改革，提升企业感受度。加强系统集成、信息共享和业务协同。如探索建立"窗口事务官"制度、"一业一证"的推广。二是加快数字政府建设。实现政务服务可网办能力达到 95% 以上；针对部分高频事项的"无人干预自动审批"，具备条件的各类企业均可使用无纸全程电子化方式办理设立登记，信息化赋能世界级智慧城市建设。三是推广电子印章的应用。制定电子印章地方标准；电子印章技术实现企业高频事项全覆盖；电子营业执照、电子印章同步在商业银行金融领域的应用。四是区域一体化协同发展。上海探索以跨省（域）办成"一件事"为目标的跨省（域）通办服务。深化、细化促进长三角营商环境的政策措施，如实施长三角区域统一的境内自然人与境外投资者设立外商投资企业的登记办法等。五是深化证照分离改革。在浦东新区对首批 31 个行业开展"一业一证"改革试点；制

定发布证明事项（含告知承诺制事项）和涉企经营许可事项（含告知承诺制事项）目录清单。六是推进公共数据开放和大数据在监管领域的应用。建立更加精准的行业信用评价模型；推动公共信用信息嵌入业务系统和执法监管系统；将失信信息修复纳入政务服务"一网通办"；完善"互联网＋监管"系统风险预警模型。七是关注知识产权创造、保护和运用。建立知识产权举报投诉集中处理平台，实现"一门式"受理和"一站式"解决纠纷；开展专利侵权纠纷行政裁决示范建设试点工作；落实专利、商标侵权判断标准，加快在专利等领域实行惩罚性赔偿制度。八是以企业满意度为重点。始终以用户评价为第一评价、以企业群众感受为第一感受，聚焦难点、痛点、堵点。

（五）上海优化营商环境 5.0 版

2021 年 9 月 8 日，国务院常务会议审议通过《关于开展营商环境创新试点工作的意见》，把上海作为首批国家营商环境创新试点城市之一。2021 年 12 月 29 日，上海根据中央部署制定出台了《上海市营商环境创新试点实施方案》（即上海优化营商环境 5.0 版），要求加快把上海建设成为贸易投资最便利、行政效率最高、政府服务最规范、法治体系最完善的一流营商环境标杆城市。工作目标力争用 3—5 年的时间，上海营商环境国际竞争力跃居世界前列，政府治理效能全面提升，市场活跃度和发展质量显著提高，率先建成市场化、法治化、国际化的一流营商环境。5.0 版从市场环境、政务环境、投资环境、涉外营商环境、创新环境、监管环境、企业全生命周期服务、创新引领高地、区域合作、法治环境等 10 方面提出了 172 项改革举措。特点主要体现在以下四个方面：

一是更大力度保障市场主体发展活力。5.0版强调系统施策，进一步保护激发市场主体的发展活力。在市场环境方面，5.0版明确着力推进市场准入准营便利、资源要素平等获得、市场出清有序高效，维护公平竞争市场秩序。在投资环境方面，5.0版明确要深化投资项目审批制度改革，优化全流程全领域审批管理服务。在涉外营商环境方面，5.0版明确要完善外资外贸和扩大开放的相关制度安排，进一步提升上海对外商投资的吸引力。[1]在创新环境方面，5.0版强调要聚焦创新产业链融合，加强知识产权保护，营造良好人才创新生态环境，支持企业创新发展。

二是更深层次对标改革制度创新。5.0版对浦东新区、临港新片区、长三角一体化示范区、虹桥国际中央商务区等战略功能区提出了更高要求，鼓励这些地区大胆试、大胆闯、主动改，发挥示范引领作用，打造营商环境制度高地。

三是更高水平推动营商环境数字化转型。在政务服务方面，5.0版聚焦企业开办变更、获得水电气、税费缴纳、不动产登记等高频事项，进一步优化办事流程。在企业服务方面，5.0版提出通过技术和数据赋能，进一步优化企业服务体系。依托数字化转型，从政务服务和企业服务同向发力，让企业"高效办成一件事"成为一种常态。[2]

四是更加突出优化事中事后监管。5.0版强调坚持宽进与严管相结合，在推进企业经营自主便利的同时，着力加强事中事后监管。在监管方式上，着力推进综合监管改革，健全全链条全流程的综合监

---

[1] 徐晶卉：《上海优化营商环境"5.0版"再推172项改革举措》，《文汇报》2021年12月30日。

[2] 查睿：《上海优化营商环境5.0版方案推出》，《解放日报》2021年12月30日。

管机制。在监管手段上，深化推进"互联网＋监管"，积极运用大数据、物联网、人工智能等技术为监管赋能。在监管效能上，推动"双随机、一公开"监管和信用监管深度融合，完善分级分类"信用＋智慧"监管，提升事中事后监管整体效能。

（六）上海优化营商环境 6.0 版

2023 年 1 月 28 日，市委、市政府召开 2023 年上海市优化营商环境建设大会，发布《上海市加强集成创新持续优化营商环境行动方案》（即 6.0 版），从"深化重点领域对标改革，提升营商环境竞争力""优化全生命周期服务和监管，提升市场主体满意度""支持重点区域创新引领，提升营商环境影响力"和"组织保障"等四方面，提出 27 项任务、195 项具体改革措施。持续发力打造贸易投资最便利、行政效率最高、政府服务最规范、法治体系最完善的国际一流营商环境，将上海建设成为国内营商环境标杆城市，进一步提升上海营商环境国际影响力。29 日，《上海市提信心扩需求稳增长促发展行动方案》发布，出台 32 条政策措施，向市场释放上海深化国际一流营商环境建设的强烈信号。

上海优化营商环境 6.0 版具有以下特点：一是强调集成创新的关键性，并且致力于推动政务服务的一体化进步。在政务环境、法治环境、公共服务、监管执法等方面协同创新，提升营商环境综合优势。二是深化重点领域改革。6.0 版锚定推进国家营商环境创新试点和世界银行新版指标对标改革，加强营商环境制度创新。6.0 版着重致力于制度、服务与效率三大领域的改革提升，与世界银行的 B-READY 改革在理念上高度一致。三是支持重点区域。浦东定位于"营商环境综合示范区"，临港新片区要打造的是"营商环境制度创新高地"，张江、虹桥商务区、长三角示范区则分别聚焦科创、国际商贸、长三角一体化，打造特色营商环境。[1] 6.0版还在原来的基础上拓展了张江科学城作为重点区域构建企业为核心的"产学研"合作体系以促进创新。四是强调数字赋能。在6.0版本中，提出构建"企业云"移动端服务等线上服务的策略，以深化"AI+政务服务"的能力，旨在提升智能化服务水平，优化企业线上线下办事全过程中的智能预填、智能预审、智能审批等功能，构建一个线上线下全面融合的"泛在可及"的服务体系。

表3-3　北京和上海优化营商环境6.0版比较

	北京优化营商环境 6.0版	上海优化营商环境 6.0版
文件名称	《北京市全面优化营商环境助力企业高质量发展实施方案》	《上海市加强集成创新持续优化营商环境行动方案》
发布时间	2023年4月6日	2023年1月4日
总体要求	以习近平新时代中国特色社会主义思想为指导，认真贯彻落实党中央、国务院关于优化营商环境的决策部署及市委、市政府工作要求，完整、准确、全面贯彻新发展理念，聚焦高质量发展首要任务，坚持系统观念、守正创新，坚持问题导向、首善标准，以提升企业获得感为目的，以实现各类市场主体更好更快发展为目标，以公平竞争、市场准入、产权保护、信用监管等方面体制机制改革为重点，持续深化"放管服"改革，巩固和扩大行政审批制度改革成果，着力破除一体化综合监管体制	以习近平新时代中国特色社会主义思想为指导，全面贯彻落实党的二十大精神，完整、准确、全面贯彻新发展理念。对标最高标准、最高水平，坚持市场化、法治化、国际化原则，以市场主体获得感为评价标准，践行"有求必应、无事不扰"服务理念，持续发力打造贸易投资最便利、行政效率最高、

[1]　张懿：《上海优化营商环境"6.0版"行动方案公布》，《文汇报》2023年1月29日。

（续表）

	北京优化营商环境 6.0 版	上海优化营商环境 6.0 版
总体要求	机制障碍，加快建设智慧便利高效的现代政务服务体系，以更大力度打通政策落地"最后一公里"，统筹推动更多助企利民优惠政策精准直达快享，优化民营企业发展环境，全方位打造与首都功能相适应的企业发展生态，实现营商环境全面优化提升，始终保持营商环境首善之区的地位	政府服务最规范、法治体系最完善的国际一流营商环境，将上海建设成为国内营商环境标杆城市，进一步提升上海营商环境国际影响力
具体措施数量	237	195
改革特色	优化五大环境，实现"三个一"关键突破，推动重点领域改革从"量变"到"质变"，始终保持营商环境首善之区的地位	更加强调系统集成、全生命周期、跨前服务、数字赋能、一体开放和实效，将上海建成为国内营商环境标杆城市
辐射范围	京津冀一体化	长三角一体化

北京也已于 2023 年 4 月 6 日发布了《北京市全面优化营商环境助力企业高质量发展实施方案》(即北京的优化营商环境 6.0 版)。比较上海与北京的 6.0 版有以下共同点：注重从公平竞争、法治保障、政务便利、监管高效等各个方面全方位构建市场化、法治化、国际化的一流营商环境，都推行"一业一证""一件事"等创新改革措施，关注企业全生命周期的服务需求和企业获得感，对标国际规则，聚焦重点领域。同时，两座城市也根据各自的战略定位有所差异：北京 6.0 版的核心目标是构建与北京作为首都城市的功能定位相适应的企业发展生态，并对营商环境进行全面优化和提升，以解决企业的诉求和问题为导向，落实好 6.0 版"5311"改革方案，数字赋能推动"整体政府"建设，构建统一高效、多元参与的推进优化营商环境工作体

系。[1]上海更加强调系统集成、全生命周期、跨前服务、数字赋能、一体开放和实效，对标世行新版指标，聚焦重点区域改革，进一步提升上海营商环境在全球的竞争力。

第二节　上海优化营商环境先行先试的案例剖析

实践中，上海已成功实施了一大批突破性、引领性的改革举措，形成了"一业一证"改革、特斯拉项目的"上海速度"、"一网通办"数字化政务服务、优化营商环境法治保障共同体等先行先试案例，形成了一批可复制、可推广的上海经验。

一、"一业一证"改革

（一）浦东首创市场准入"一业一证"改革

2019 年的 7 月 30 日，浦东新区基于"证照分离"改革，在全国率先引领了市场准入的"一业一证"改革。该项改革首次在便利店、体育设施、宾馆、餐厅、小型餐饮服务、即做即售的小商铺、面点和面包店、咖啡厅和茶馆、酒吧以及药房等十种业务领域进行了试点，成为全国首个推行行业准入审批改革的地区。对于一家新开设的便利店来说，便利店的创建过程曾经是繁琐的，需要许多许可证，例如食

---

[1] 徐飞:《营商环境"优"无止境》,《北京观察》2023 年第 4 期。

品、酒类和药品等多种许可证。然而，改革的实施使得企业可以通过一张证明处理所有的许可事宜，该证明将之前所需的 6 张许可证集合为一张。处理时间也从 95 个工作日大幅度缩短到 5 个工作日，申请所需的文件数量也减少到 10 份。

伴随着改革的深入，试点项目几乎覆盖了所有的区级权力事项，对 43 个行业进行了推广，包括便利店、健身房、宾馆、药店和餐馆等。此外，"一业一证"的实践，即通过整合行业涉及的所有许可证到一张"行业综合许可证"，使得实现"一证在手，即可营业"。浦东的"一业一证"改革从结果来看，成功地解决了公司在取得"入场许可"之后面临的"营业许可"的困难。它通过对审批过程的彻底改革，消除了处理过程中的障碍，减少了运营成本，使得更多的企业受益于改革。

（二）"一业一证"改革不断深入推进

2020 年 11 月国务院批复同意浦东新区开展"一业一证"改革试点以来，浦东新区全面推进首批 31 个试点行业建立健全行业综合许可和综合监管制度，强化改革系统集成和协同配套。截至 2021 年 6 月底，国务院批复的 31 个试点行业已逐项制定实施细则、全面落地实施，25 项国家级行政许可事项的受理和发证环节已承接到位。

为了更好地推进"一业一证"改革在浦东试点，《国务院有关部门委托上海市浦东新区受理、发证的行政许可等事项目录》也正式发放，涉及的事项共 25 项。从一区一市的审批扩展到国家部委的审批，"一业一证"改革正式上升到国家层面的顶层设计，成为国家多部门联合支持浦东改革开放再出发的又一最新举措。2021 年 9 月 28 日，首部浦东新区法规《上海市浦东新区深化"一业一证"改革规定》正式通过，共 15 条，适用于浦东新区在市场主体注册登记后深化"一业一证"改革的相关管理服务活动，自 2021 年 10 月 1 日起正式施行。通过地方性法规的形式，持续深化"一业一证"改革，推动政府审批服务向以市场主体需求为中心转变，为持续优化营商环境提供法律保障。该法规施行后，餐饮等 10 个行业办理相关事务的时限从 95 个工作日压缩至 5 个工作日；填报要素从 313 项压缩到 98 项，办证效率大幅提升。[1]

在 2023 年 1 月 5 日印发的《上海市加强集成创新持续优化营商环境行动方案》(6.0 版)中要求浦东新区进一步深化"一业一证"改革，深入推进"市场准营承诺即入制"，健全行业综合许可和综合监管制度，还要求深入开展"一业一证"+"证照联办"改革，以实现"准入即准营"办理模式。

（三）全市推广实施"一业一证"改革

为进一步提升"一业一证"改革综合效能和整体效应，上海市相关部门在积极推动国家改革试点任务在浦东新区实施的同时，也在探讨如何将浦东新区的改革试点经验在全市推广。2021 年 4 月 22 日，上海市政府发布了《全市范围内推广实施"一业一证"改革指导意见》，计划分三阶段推行：一是从 5 月 1 日起，各区在 25 个仅涉及地

---

[1] 陈静：《浦东新区颁布 15 部法规　优化营商环境、激发创新活力》，《上海商业》2023 年第 1 期。

方事权的浦东新区试点行业中，选取部分行业开展改革；二是从 10
月 1 日起，各区对 25 个行业全面开展改革；三是在此基础上，梳理
更多行业在全市范围开展改革，成熟一批、实施一批。

二、特斯拉项目的"上海速度"

2018 年，国家发改委、商务部发布《外商投资准入特别管理措
施（负面清单）》（2018 年版）明确，对汽车行业分类型实行过渡
开放——2018 年取消专用车、新能源汽车整车制造外资股比限制，
2020 年取消商用车外资股比限制，2022 年取消乘用车外资股比限制
以及合资企业不超过两家的限制。在此背景下，特斯拉上海超级工厂
作为中国首个外商独资新能源整车制造项目，也是特斯拉首个海外
超级工厂，于 2018 年 7 月 10 日正式落户上海临港新片区。该项目
从 2019 年 1 月 7 日动工到 2019 年 12 月 30 日首批 15 辆国产特斯拉
Model 3 交付给客户，仅用了 358 天，创造了当年开工、当年投产、
当年交付的"特斯拉速度"。

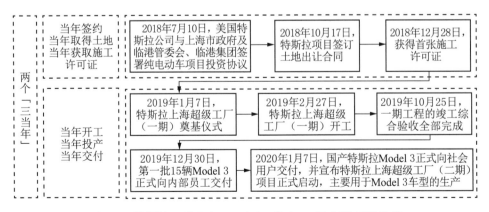

图 3-1　特斯拉上海超级工厂（一期）工程建设项目流程

（一）多项创新举措成就"特斯拉速度"

特斯拉项目在招商、规划、土地、建设、施工、验收、上市等全流程各环节都进行了重大改革与创新突破。特斯拉上海超级工厂（一期）包含4个联合厂房以及配套设施，占地15.7万平方米，体量巨大、建设复杂。按照常规的审批思路，100%满足审批条件，才能进入下道审批，各技术、评审等单项占用主线时间5至20天，从签约到开工，审批时间至少10个月。[1]实际上，从2018年7月战略签约，到年底取得施工许可证，落地满打满算仅用时5个多月。特斯拉首席执行官埃隆·马斯克在开工现场用"令人惊叹"来形容亲身感受。

一是项目招商环节，各部门联动、精心策划。从项目谈判启动之初，就由各职能部门和浦东新区政府、临港新片区管委会共同成立重大项目招商专班，招商、规划、法务、金融、土地等多个专业部门协调联动，及时回应各种技术问题。

二是土地规划环节，采取"一事一议"方式简化流程、压缩环节，同步开展控规编制与土地出让前期工作。在市规划资源局和临港新片区管委会的支持协调下，通过实施告知承诺优化土地出让方式，在科学依规的前提下压缩至少1个月。

三是建设施工环节，创新设计方案批复方式，特斯拉项目通过实施告知承诺，80%关键要素征询确认后就予以通过，19天即完成征询和批复。施工图审批方式上，开展多图联审、告知承诺、容缺候补等创新。

---

[1]　计思敏：《上海速度 | 揭秘特斯拉上海工厂建设如何实现两个"三当年"》，载澎湃新闻网，2020年1月17日。

四是竣工验收环节，探索实施"多测整合多验合一"，时间压缩至少1个月。

五是认证上市环节，采用现场审核、视频佐证、工艺并审的做法，实现边审查、边建设、边完善，推动生产和产品准入资质审核重大创新。

（二）"审批服务专员"制度全力提供优质服务

为了实现"特斯拉速度"，临港新片区创新性地设立"集中审批项目联系人"制度。在这个制度下，项目方只需要与服务专员进行沟通，由服务专员统一协调各部门，提供全生命周期的优质"店小二"服务。当时，工厂的西侧一条名为南奉界河的河流将工厂与外部空间隔离。根据最初的市政规划，这里只设有一座桥梁，远远无法满足工厂内外的通行需求。然而，如果要修改规划增建两座桥梁，仅仅审批流程可能就需要耗费一年的时间。面对这个问题，"店小二"们群策群力，提出了将桥梁建设纳入水利基础设施项目的解决方案。这个方案在满足企业通行需求的同时，规避了重新修订规划带来的延误。

2019年8月，"利奇马"台风袭击沿海地区，特斯拉工厂的周边排水系统工程尚未启动，工厂因此面临严重的水患。在最糟糕的情况下，工厂的屋顶积水深度达到了一米，这等于每平方米的负荷几乎超过了一吨，这个数值大大超过了普通钢结构建筑屋顶的负荷承受力，工厂的顶部始终处于崩塌的危险之中。负责特斯拉项目水电工程的服务专员在得知后联系了多家市政单位和临港管委会，短短半小时，来自环卫、消防、供排水公司的十余台水泵都抵达现场，将屋顶的水抽排干净。[1]

（三）发挥"临港一码通"优势串联企业审批项目全流程服务链

"临港一码通"是临港新片区为企业提供的一项创新服务，每个企业在报建项目时都会生成一串独特的数字编码，这就像企业项目的"身份证"。政府部门通过这个编码，能够打通所有审批流程，各环节审批人员能同步接收项目进展信息，同步启动跨前服务。企业则可以凭借这个编码随时调取相关批复文件，实时掌握办理进度，为下一阶段工作做好准备。通过运用"一网通办"的"临港一码通"，特斯拉的项目信息在政企之间、管委会部门之间、不同经办人之间实现了集成共享，实现了"一件不两送"和部分事项的不见面审批，这在项目推进过程中发挥出了显著的效能。

图 3-2 "临港一码通"全流程服务链

临港新片区在流程再造和技术创新上不断发力。2019 年 11 月 11 日，临港新片区的一体化信息管理服务平台 1.0 版正式启用，该"平台 1.0 版"聚焦工程建设领域的全生命周期申报、审批和信用管理，以获得五个"100"为目标，即 100% 最多跑一次，100% 全程网办，100% 全覆盖"办成一件事"主题套餐，100 小时拿地开工，100% 行政行为可追溯。在 2021 年 8 月 20 日，临港新片区推出"平台2.0版"，这一

---

[1] 王志彦、杜晨薇、胡幸阳：《"令人惊叹的上海速度"背后》，《解放日报》2020 年 1 月 8 日。

全新升级的平台包含了制度创新、风险防范、事中事后监管、政务服务和经济运行五大核心模块，以及贸易自由风控、金融安全风控、运输自由风控等15个特色应用场景。这一平台的上线，能够实现对重点领域和特殊领域的风险分级分类监管，确保各类开放创新政策的稳妥有序实施，进一步提升了临港新片区的管理效率和服务水平。

（四）"特斯拉速度"助力打造新能源汽车产业集群

如今，"特斯拉速度"已经转变成"上海速度"。2020年3月发布的《中国（上海）自由贸易试验区临港新片区全面深化国际一流营商环境建设实施方案》专门提到"全面复制推广特斯拉审批模式，着力构建营商环境品牌工程"。2020年7月，临港新片区在上海市率先试点施工许可告知承诺制。针对主线设计、发包均已完成、个别前置手续中存在少量不影响主线开工建设的不确定因素但风险可控的建设项目，建设单位可通过告知承诺制的方式适当容缺部分申报材料，并提前取得施工许可证，可帮助项目提前2至3个月开工建设。

继特斯拉上海超级工厂成功之后，2021年5月，临港新片区迎来了18个智能新能源汽车产业项目的集中签约，总投资超过160亿元。同一年，新能源汽车成为临港首个千亿级产业群。跟随特斯拉和上汽集团等整车制造企业的步伐，康明斯、地平线、商汤科技、宁德时代、锦源晟、延锋汽车、广微万象、东山精密、麦格纳、李斯特等在智能新能源汽车细分领域的领军企业也纷纷选择在临港新片区落户，涉及的领域包括汽车芯片、自动驾驶系统、汽车内饰、车身、新材料、精密加工等。这些企业的集聚，使得特斯拉上海超级工厂的零部件本地化率已超过95%。产业链企业在空间上的聚集对于降低供货成本、保证整条产业链的稳定和安全具有重大作用，这对于新能源汽车产业的发展尤其关键。[1]

同时，依托特斯拉、上汽集团等龙头整车企业，产业链本身的标准也得到提高，零部件企业由此获益。均胜电子的方向盘、安全带、安全气囊等产品同时交付上汽集团、蔚来等整车企业，新泉汽车饰件与中国一汽、广汽集团等企业也有长期合作。[2]

2023年4月9日，中国（上海）自由贸易试验区临港新片区管理委员会与特斯拉公司成功签署合作协议，特斯拉的储能超级工厂项目将在临港新片区设立。这也标志着特斯拉在美国以外的首个储能超级工厂项目的落地。展望未来，临港新片区将以新能源及储能产业为重点，制定产业发展规划，研究和完善产业政策，加速重点企业和重大项目的集聚，致力于将临港新片区打造成为上海乃至全国新能源和储能产业集群的新高地。

三、"一网通办"数字化政务服务

（一）"一网通办"的基本情况

"一网通办"是依托互联网平台，构建统一的电子政务服务网，它实现了虚拟空间和物理空间的联通，加快智慧政府构建，从而提高政府公共服务效率，减少企业和个人跑腿次数，提升企业和个人体验感和获得感。

---

[1][2]　俞立严：《探寻产业高地基因密码——新能源汽车"临港速度"领跑世界级产业集群》，《上海证券报》2023年3月29日。

2018 年 3 月，上海市委、市政府印发《全面推进"一网通办"加快建设智慧政府工作方案》，正式提出"一网通办"，将一网通办建设提升到战略高度，其目标是到 2020 年建成整体协同、高效运行、精准服务、科学管理的智慧政府基本框架。2018 年 4 月 12 日，上海市政府成立了"上海市大数据中心"，大数据中心的建立为政府内部信息共享、数据整合提供了可能。2018 年 7 月 1 日，上海政府构建了"一网通办"门户网站式在线服务平台。2018 年 9 月，"一网通办"的手机移动端 App——"随申办市民云"成为我国首个用户量破千万级的政府服务软件，之后支付宝和微信又上线了"随申办"小程序。[1] 2018 年 10 月 17 日，"一网通办"的总门户正式启动运行，标志着"一网通办"的"一梁四柱"平台架构初步建立。其中，"一梁"代表统一受理平台，包括总门户网站和"随申办市民云"移动端应用程序；"四柱"包括"统一身份认证、统一总客服、统一公共支付、统一物流快递"。"一梁四柱"构成政务服务的"网购"平台。[2]

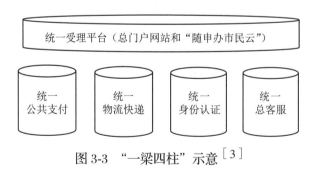

图 3-3 "一梁四柱"示意[3]

[1] 杨力、陈志成、羊米林：《政务服务改革新路径：上海"一网通办"案例研究》，《全球城市研究》2022 年第 3 期。
[2] 敬义嘉：《"一网通办"：新时代的城市治理创新》，上海人民出版社 2021 年版，第 67 页。
[3] 参见周振华、洪民荣：《全球城市案例研究 2022》，格致出版社、上海人民出版社 2022 年版，第 147 页。

（二）"一网通办"的特色做法

1. 深化高效办成"一件事"改革，实现业务流程的革命性再造

在公众的视角中，一项任务往往涉及多个相互关联的政务服务事项，这些事项常常跨越多个部门、层级和区域，涉及多个政府部门、公共企业和服务机构的处理。以开设餐厅为例，尽管在申请人看来这只是"一件事"，但实际上，它涉及市场监管、酒类专卖、绿化市容、消防等四个部门的六个审批事项。上海市政府站在企业和公众的视角，围绕"六个再造"，实施业务流程的革命性重塑，将职能部门的多个相关联的"单项事"整合为"一件事"，实现"一件事、一次办"的目标。

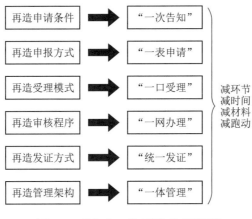

图 3-4　"六个一"再造业务流程

2020 年 2 月，上海市人民政府发布的《上海市人民政府办公厅关于以企业和群众高效办成"一件事"为目标全面推进业务流程革命性再造的指导意见》列出四大项主要任务：制定"一件事"改革方案、强化信息技术支撑、推进线上线下办事深度融合和鼓励实施改革创新。2020 年以来，围绕出生、上学、就业、户籍、婚育、置业、救助、就医、退休、养老、身后事等个人全生命周期，企业开办、场

地获得、员工招聘、生产经营、税费缴纳、惠企政策、权益保护、清算注销等企业全发展周期，对高频事项进行流程再造，截至 2022 年 10 月，已上线 27 项"一件事"，实现平均减环节 70%、减时间 58%、减材料 77%、减跑动 72%，办件量已突破 600 万件。

在 2023 年 3 月发布的《2023 年上海市全面深化"一网通办"改革工作要点》的"深入推进主题集成服务"就提到要围绕企业个人全生命周期相关政务服务事项，深化高效办成"一件事"改革，强化审管协同和信息共享。市级重点新增和优化 11 个"一件事"，推动各区新增、优化本区特色标杆"一件事"。完善"一件事"运营管理系统，全程跟踪运行。加强"一网通办"各端"一件事"专栏建设，便利企业群众查找入口、熟悉流程、办理事项。[1]

2. 优化拓展线上帮办服务，着力打造"网购型"服务体验

上海在全国首创了"一网通办"帮办制度。2021 年 10 月 9 日，上海市政府办公厅印发实施了《建立完善帮办制度提高"一网通办"便捷度的工作方案》，建立线上人工帮办工作机制，构建了线上帮办

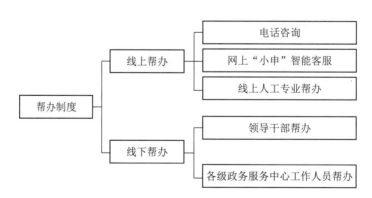

图 3-5　上海帮办制度的体系架构

［1］《关于印发〈2023 年上海市全面深化"一网通办"改革工作要点〉的通知》，载上海市人民政府官网，2023 年 3 月 14 日。

和线下帮办相辅相成的帮办制度（见图 3-5）。同年 11 月，首批 35 个线上人工帮办事项正式上线。在 2022 年 8 月，第二批"线上人工帮办"的 66 个高频事项正式推出，涵盖了 11 个部门和各个区域，其中包括 33 项个人事项、24 项企业事项以及 9 项适用于个人和企业的事项。结合首批的事项，总计达到 101 项，实现了线上人工帮办覆盖本市办件量位列前 100 的高频事项的目标。[1]

线上帮办共有"一网通办"PC 端、"随申办"App 端、"随申办"微信和支付宝小程序、自助终端 5 种渠道入口，其工作的特色创新在于：

一是网上"小申"智能客服提供 7×24 小时在线智能咨询服务。企业群众在"一网通办"平台网上办事时，可以先通过"小申"进行在线咨询。"小申"依托"一网通办"知识库提供快速智能问答。若"小申"未能解决的问题，可以申请线上人工帮办，实现"小申"与线上人工帮办融合互补。[2]2022 年 11 月印发的《进一步优化在线为企帮办服务工作方案》提到要健全知识库运营工作机制，提升线上帮办的智能化服务能级，从而实现到 2023 年末涉企智能客服解决率达到 60% 的工作目标。

二是开展线上人工帮办工作，实现 1 分钟响应。在《进一步优化在线为企帮办服务工作方案》中要求建立分级响应工作机制，将企业办事、求助、热点政策享受等需求列为第一优先级响应，要求在工作时段，"线上专业人工帮办"原则上要达到 1 分钟首次响应，90% 解

---

[1] 胡蝶飞：《长三角核酸检测结果一键通查》，《上海法治报》2022 年 8 月 2 日。

[2] 《关于印发〈建立完善帮办制度提高"一网通办"便捷度的工作方案〉的通知》，载上海市人民政府官网，2021 年 10 月 9 日。

决率；12345 热线三方通话直转业务部门专业人员接听，接通率原则上要达到 90%。[1] 截至 2023 年 2 月 27 日，首批 52 项依申请企业高频事项试点已启动"12345"三方通话直转业务部门专业人员接听，截至 3 月 27 日共收到 2399 个转接请求，总转接成功率 90.61%，解决率 96.2%。[2]

三是创新上线帮办微视频，降低企业群众学习和试错成本。2022 年 1 月，"一网通办"微课堂正上线，提供高频事项的线上帮办微视频。微视频将通过录屏的方式，详细展示网上申请的全流程，以"一步一步指导"的形式帮助完成操作，对于常见问题和易于出错的填报环节进行深入的讲解和特别提示。

3. 持续推进"好差评制度"，倒逼政府提高服务质量

2019 年 7 月 23 日，上海市人民政府办公厅印发了《建立"一网通办"政务服务"好差评"制度工作方案》，随后在 10 月 29 日，"一网通办""好差评"正式上线运行，上海所有政务服务事项将全部纳入"好差评"评价范围。"一网通办"政务服务"好差评"制度实现了服务事项、服务渠道和承办单位"三个"全覆盖；实现了办事人对政务服务所有的评价和政府部门针对办事人评价的回复"双公开"；[3] 实现了评价对应到办事人、办理事项、承办人的"三对应"；形成了评价、反馈、整改、监督全流程闭环工作机制。截至 2020 年

[1]《关于印发〈进一步优化在线为企帮办服务工作方案〉的通知》，载上海市人民政府官网，2022 年 11 月 19 日。

[2] 吴頔：《上海推出"线上专业人工帮办"，52 项企业高频事项 1 分钟响应 90% 解决》，载解放网，2023 年 3 月 29 日。

[3] 常理、魏永刚：《数字化重塑城市生活》，《经济日报》2023 年 5 月 12 日。

10 月 17 日，"好差评"日均评价量近 10 万件，好评率高达 99.96%，12345 回放满意率达到了 98.58%。

4. 依托市民主页和企业专属网页，推进惠企利民政策和服务"免申即享"

"免申即享"是通过数据共享、大数据分析、人工智能辅助，精准匹配符合政策申报条件的企业群众，企业和公众在整个过程中无需主动提交申请，即可直接享受惠企利民的相关补贴、荣誉和减免的主动服务模式。"免申即享"将原先的"企业和群众申请、部门受理、部门审核、部门兑现"4 个环节，简化为"企业和群众意愿确认、部门兑现"最多 2 个环节，实现政策和服务直达直享。

2022 年 3 月 8 日，上海市政府办公厅印发《依托"一网通办"加快推进惠企利民政策和服务"免申即享"工作方案》，是全国省级层面关于"免申即享"工作的首个制度性文件。"免申即享"现有 3 种实现方式：一是直接兑现，免于申请；二是一键确认，免于填报；三是扫码识别，个性服务。截至 2023 年 5 月，上海市已累计推出 152 项高频事项"免申即享"，2022 年累计覆盖受益群众超 305 万人次、企业超 6.8 万家次，累计为用户提供"免申即享"精准推送 177.31 万次。

原则上，"免申即享"政策和服务线上的精准推送、意愿确认、告知承诺等，均通过市民主页或企业专属网页进行。[1] 因此，为确保提供"千人（企）千面"个性化服务，做强"一网通办"平台支撑，

---

[1] 《关于印发〈依托"一网通办"加快推进惠企利民政策和服务"免申即享"工作方案〉的通知》，载上海市人民政府官网，2022 年 3 月 8 日。

重点提升市民主页和企业专属网页服务能力十分重要。上海市大数据中心表示，市民主页"一人一档"共上线 106 类档案项，"一企一档"共上线 79 类档案项。"助企纾困"专区累计上线助企纾困政策 532 条。持续提升证照主动提醒能力，已上线 262 个市级证照提醒规则，469 个区级证照提醒规则。累计精准推送政策和服务 6747 条，点击量 4.02 亿次，"两页"服务累计访问量超 571.72 亿次。[1]根据《2023 年上海市全面深化"一网通办"改革工作要点》，上海市将继续深化政策和服务"免申即享"模式，提升市民主页和企业专属网页"两页"个性、精准、主动和智能服务水平，推动政务服务办事过程更智慧、更便捷。[2]同时，也将加强市民主页和企业专属网页"两页"的运营中台能力，以数据和技术为驱动，进一步提升其功能和效率。

（三）"一网通办"的改革成效

经过四年多的系统性推进，上海"一网通办"改革已经基本实现了以"一网"为核心的统摄各部门、各层级和各事项的城市现代公共服务体系，形成了要素完备、配置合理、运行有力、安全保障的城市公共服务结构载体，为下一步朝向高质量全方位城市服务体系的发展创造了优质条件。[3]《2022 年上海市法治政府建设情况报告》中提到，"一网通办"改革实施以来，实名注册个人用户超过 7885 万，法人用

---

[1]　李佳蔚：《上海"一网通办"用户已超八千万，累计办件量达 3.36 亿件》，载澎湃新闻网，2023 年 5 月 11 日。

[2]　《关于印发〈2023 年上海市全面深化"一网通办"改革工作要点〉的通知》，载上海市人民政府官网，2023 年 3 月 14 日。

[3]　敬乂嘉：《"一网通办"：新时代的城市治理创新》，上海人民出版社 2021 年版，第 132 页。

户超过 301.4 万，接入事项 3600 项，累计办件量达 3.07 亿，2022 年日均办件量超过 28 万，"随申办"月活峰值达 2390 万。

　　长三角区域一体化发展是新时代引领高质量发展，完善我国改革开放空间布局、打造我国发展强劲活跃增长极的重大举措，已经上升为国家战略。2019 年 3 月，国务院办公厅秘书局印发《长三角地区政务服务"一网通办"试点工作方案》，要求总结推广沪苏浙皖三省一市改革经验，强化长三角地区政务服务跨区域通办和数据互通共享，率先实现全国一体化在线政务服务平台公共支撑功能在长三角地区落地，推动"互联网＋政务服务"建设向纵深发展。2019 年 5 月，长三角"一网通办"正式上线。2019 年底，长三角城市群 26 城接入长三角"一网通办"，实现"一地认证、全网通办"。如今，长三角"一网通办"服务上线 148 项，累计全程网办超过 642.63 万件，实现 37 类高频电子证照共享互认，电子亮证超过 1430.19 万次，长三角数据共享交换累计达 8.02 亿条，[1] 让三省一市企业群众享受到了"同城服务"。

四、优化营商环境法治保障共同体

（一）上海优化营商环境法治保障共同体的建立

　　法治是最好的营商环境。在 2019 年 4 月 22 日，上海市率先在全国发起并建立了优化营商环境法治保障共同体（以下简称"共同体"）。这个创新性的机构旨在促进各方协同合作，专注于政策制度的系统化研究，以增强政府与市场之间的有效沟通。通过这些努力，共

---

[1]　张天弛：《数据跨省漫游，市民坐享"同城服务"》，《文汇报》2023 年 4 月 2 日。

同体致力于提升企业和公众的感知度和满意度，从而进一步优化营商环境。该共同体的首批成员单位由市人大、市政协有关专门委员会，市政府有关委办局，司法机关，相关法学院校，协会、商会、相关专业机构五方面主体组成。共同体主要采用联席会议的工作机制，下设四个工作组和一个专家组，聚焦营商环境优化过程中的制度瓶颈和体制机制问题，围绕八方面重点任务（见表3-4），开展问题研究、政策制定、宣传培训、评估优化等工作。[1]

表 3-4　营商环境法治保障共同体八项重点任务

	重点任务	具体内容
1	推动顶层制度设计	围绕简政放权、放管结合、优化服务等专题，研究推动国家层面相关法律法规的修改完善，为全面深化营商环境优化的改革创新提供建设性意见建议；为本市营商环境优化的改革举措争取国家层面制度支撑，搭建有效沟通平台，保障重大改革于法有据
2	探索建立先行区域	探索在本市若干区域，建立优化营商环境法治保障先行区，研究试行法律法规调整的简化程序，推动实施新兴领域的概括式授权，保障先行先试、改革创新在法治轨道上顺利推进
3	完善地方法规体系	围绕涉企行政审批事项取消调整、"证照分离"、加强事中事后监管等改革要求，推动各方聚焦制度创新，清除在地方性法规、政府规章以及有关文件中阻碍营商环境优化的陈规旧制，确保地方立法既符合国家要求，又体现上海特色
4	强化行政执法监督	探索包容审慎监管标准，推动行政执法在法律框架下细化裁量标准，建立轻微违法行为免罚清单，体现比例原则，切实做到严格规范公正文明执法。推动提升本市行政复议专业化、规范化水平，不断增强行政复议公信力，有效发挥行政复议对于保护市场主体合法权益的积极作用
5	发挥司法保障职能	促进司法机关在保护产权、激励创新、维护市场公平有序、保护交易主体合法权益等方面进一步履行职能，推动完善司法改革措施，切实提升司法公信力，充分发挥司法裁判的规范、指导、评价和引领作用

[1]　顾晓红：《法治保障营商环境，沪建全国首个共同体，市政协两专委会在列》，载政协头条网，2019年4月22日。

（续表）

	重点任务	具体内容
6	优化纠纷化解机制	推动完善多元纠纷化解机制，降低解决争议的法律成本，完善仲裁、调解、公证与诉讼的衔接机制，促进境外知名仲裁机构与本市仲裁机构开展业务合作，加快打造面向全球的亚太仲裁中心
7	加强制度宣传解读	依托"法治上海""上海市司法局"微信公众号等政府平台以及研究机构、专业机构等多方力量，对本市营商环境法律政策开展宣传、解读和培训，积极推送营商环境优化信息动态，构建政府管理部门、司法机关与市场专业服务机构之间常态化的营商环境研讨交流机制，不断提升本市营商环境的社会认知度
8	打造研究智库方阵	落实市委、市政府决策部署，聚焦市场企业群众现实期盼，全面对接优势资源，深度融合转化渠道，着力提升智库成果水平。为高端智库人才队伍培养提供平台，充分发挥智库方阵在资政建言、舆论引领等方面的积极作用

资料来源：《关于建立上海市优化营商环境法治保障共同体的意见》（2019）。

（二）发挥职能解决市场主体痛点难点

《上海市法治政府建设情况报告》多年提及优化营商环境法治保障共同体，2019年建立了优化营商环境法治保障共同体，2020年强化优化营商环境法治保障共同体工作机制，全面强化了营商环境法治保障组织协调，2022年则是进一步发挥优化营商环境法治保障共同体作用，强化了法治环境建设。

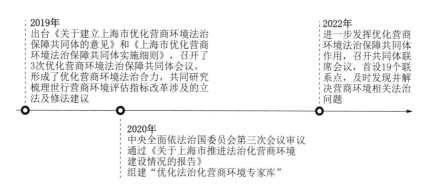

图3-6　《上海法治政府建设情况报告》中关于优化营商环境法治保障共同体的主要举措

在 2022 年的联席会议中首次设立 19 家联系点，主要为在收集、研判、分析处理营商环境法治问题方面具有一定专业优势的市司法单位、法律服务机构和相关社会组织，旨在及时发现并解决营商环境相关法治问题。[1]

静安区检察院推进安商惠企，助力各类企业有力有序复工复产。疫情期间，静安区检察院针对区域特性和企业法律保护需求，采取了一系列行动。不仅推出了《推进安商惠企助力复工复产十二条司法措施》，还与静安区工商联签署了《建立健全沟通联系机制促进民营经济健康发展的工作备忘录》。此外，还设立了专门为民营企业家提供法律服务的工作站，并举办了"推进安商惠企 助力复工复产"民营企业家"云座谈"活动。"云座谈"中不仅通报了"安商惠企十二条举措"，还解读了《企业复工复产常见法律问题梳理》，并帮助解答了与会企业家关于员工薪酬、房屋租赁、合同履行等方面的法律问题，切实提高了服务保障的针对性和有效性，强化企业的维权意识和法治观念。普陀区《深化"人靠谱，事办妥"营商环境建设行动方案（2023 年）》提出了通过百所联百会律师志愿服务团，利用法治思维和法治方式来解决企业发展所遇到的难题，提升中以（上海）创新园企业合规"靠谱"法治保障共同体组团式服务能级等具体措施。

---

[1] 首批上海市优化营商环境法治保障共同体联系点包括：上海市第三中级人民法院、上海市浦东新区人民法院、上海市普陀区人民法院、上海市人民检察院第一分院、上海市浦东新区人民检察院、上海市静安区人民检察院、上海市律师协会、上海市破产管理人协会、上海市企业法律顾问协会、上海仲裁委员会、上海市方达律师事务所、上海市通力律师事务所、上海市锦天城律师事务所、大成（上海）律师事务所、上海市协力律师事务所、国浩（上海）律师事务所、金杜律师事务所上海分所、上海邦信阳律师事务所、上海博和汉商律师事务所。

（三）推动打造免罚清单

2019年3月上海发布了首份全国省级跨领域《市场轻微违法违规经营行为免罚清单》以来，共同体继续以包容审慎监管和精细化治理理念为引领，组织协调相关成员单位深入调研企业需求，细致梳理各类单行法律法规规章，对违法行为进行更精细的划分，发布了"免罚清单2.0版"和"免罚清单3.0版"。

三份清单包括50项市场监管领域免罚事项，其填补了传统处罚裁量基准的空白，对不予处的罚情形做出明确规定，给予执法人员以明确指引，降低执法成本，提高执法效能。截至2023年3月31日，上海市市场监管系统已经对5412家市场主体实施免罚，占全市免罚案件总数的75.1%，免罚金额累计约67682.55万元，占全市免罚金额总数的96.28%。[1]同时，免罚清单给予众多企业一次容错改正的机会，做到宽严相济、法理相融，让执法既有力度又有温度，有效激发市场活力。

另一方面，上海针对过度实施强制措施的不合理性也未雨绸缪，于2022年7月29日出台了《上海市市场监管领域不予实施行政强制措施清单》，首次明确市场监管领域七大类不予实施行政强制措施的情形，从制度层面将"不合理"执法可能性降到最低。截至2023年1月4日，全上海市市场监管部门适用清单，已经对4648家市场主体免予实施行政强制措施。[2]

---

[1]《对市十六届人大一次会议第0331号代表建议的答复》，载上海市市场监督管理局官网，2023年4月27日。

[2]《探索柔性监管新方式　上海出台首份不予实施行政强制措施清单》，载国家市场监督管理总局法规司官网，2023年1月30日。

第四章
上海优化营商环境的企业满意度调研分析

营商环境的改善，不仅是政府对法规、政策等的修改，更是市场主体切实感受到营商改革所产生的变化。为了解市场主体对上海营商环境建设的感受度、满意度和获得感，本书作者于2019年至2021年间多次开展企业调研，通过问卷调研、实地走访、电话访谈等方式，了解企业对上海营商环境的评价及对上海优化营商环境改革的主观感受，从中总结上海进一步优化营商环境的难点、痛点。

第一节　调研问卷发放及调研企业基本情况

于2019年7月至8月间，通过上海市工商联、市银行同业公会等平台，向上海市的科技企业/高新技术企业、跨国公司、民营中小型企业、先进生产性服务业企业（含商业银行、保险公司、证券公司、律师事务所、会计师事务所、物流公司、广告公司等7类企业）

发出调研问卷，共计 1500 份，实收 1500 份，其中有效问卷 1084 份
（见图 4-1）。

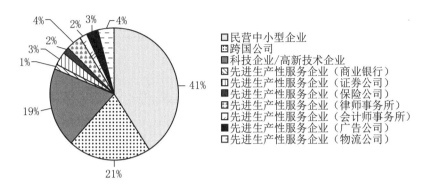

图 4-1　上海市营商环境调研有效问卷样本企业的类型与数量占比（％）

数据来源：问卷调查（2019）。

于 2021 年 9 月至 10 月间，通过问卷星等线上平台，向上海市企
业发出调研问卷，共计 1023 份，实收 1023 份，其中有效问卷 818 份，
涉及企业 782 家（见图 4-2）。同时，对来自锦天城等九家律师事务所

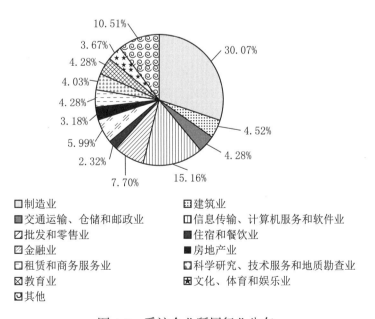

图 4-2　受访企业所属行业分布

数据来源：问卷调查（2021）。

的 45 位律师开展关于智慧司法、办理破产等营商法治保障领域的深度
调研。从所有权属性上来看，受访企业以民营企业为主（51.47%），其
次是国有或国有控股企业（19.68%）、外资或外资控股企业（16.14%）、
集体及集体控股企业（4.89%）及其他类型企业（7.82%）。

第二节　企业对上海优化营商环境的满意度分析

一、总体满意度

近年来，上海深化"放管服"改革、持续推进国际一流营商环境
建设、出台多项惠企稳企政策，有效提升了企业对营商环境的满意
度和获得感。2019 年和 2021 年两次的企业问卷调研均显示，企业对
上海营商环境的总体满意度较高、均超过了 90%。在 2019 年的调研
中，企业的总体满意度为 92.97%（选择"很好""较好"和"一般"
的合计比例）。这一比例在 2021 年又上升了 6.26%，绝大部分企业对
上海的营商环境较为满意，总体满意度达到 98.53%（见图 4-3），这
反映出近年来上海优化营商环境改革措施成效显著。[1]

---

[1] 尽管两次问卷调研的受访企业不完全一致，但从大样本的统计数据结果，结合对企业
的实地走访和电话访谈调研中反映，企业对上海营商环境的总体满意度较高，都切身
感受到了上海营商环境在多个方面的进步，近年来的改革措施对优化营商环境发挥了
积极作用。

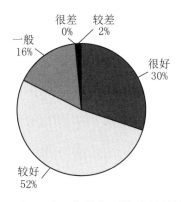

图 4-3　企业对上海营商环境的总体满意度

数据来源：问卷调查（2021）。

具体来看，2019 年各类企业对上海营商环境的总体满意度较好，其中绝大多数企业比较满意，占 55.15%；感受一般的次之，占 25.79%；感受很好的占比 12.03%；满意度较差的占 5.68%；很差的占 1.35%。在受访的四类企业中，跨国公司对上海营商环境的满意度最高，高新技术企业次之，先进生产性服务业第三，民营中小企业最低。

表 4-1　各类企业对上海营商环境的总体满意度

企业类型	先进生产性服务业	跨国公司	高新技术企业	民营中小企业	上述各类企业总体
很好	13.73%	20.80%	18.96%	2.51%	12.03%
较好	60.29%	69.47%	67.77%	37.69%	55.15%
一般	22.55%	9.29%	11.85%	44.22%	25.79%
较差	2.45%	0	0.95%	13.07%	5.68%
很差	0.98%	0.44%	0.47%	2.51%	1.35%

数据来源：问卷调查（2019）。

就营商环境的各分项指标而言，2021 年的调研数据反映，在政务效率、市场准入、知识产权保护、市场监管、法律保护、人才环境等方面的企业满意度均超过了94%。其中，市场准入的满意度最高、人才环境次之，满意度最低的是知识产权保护。仅就"很好"和"较好"合计统计企业的好评率，最优的仍是市场准入、政务效率次之，最差的是法律保护（见图4-4）。

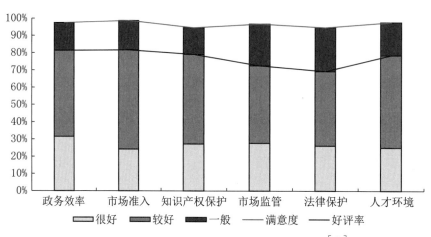

图 4-4　上海营商环境各分项指标的满意度[1]

数据来源：问卷调查（2021）。

二、政务服务、效率和监管方面

（一）线上线下政务服务和效率

2021年的企业调研显示，政务效率总体满意度高，线上服务略优于线下。

在政务效率方面，企业的整体满意度为97.43%。本书对政务效率方面下设16项分享测评指标，其中"政务服务满意度""一网通办各类项事项集成化程度""线上服务友好度和智能化水平"这

---

[1] 满意度包含"很好""较好"和"一般"的合计比例；好评率包含"很好"和"较好"的合计比例。

三项的满意度位列前三甲，满意度均超过了97%。但在782家受访企业中，仍然有21家企业选择了"较差"或"很差"两个负面选项。

线上服务的满意度略优于线下服务。企业对"线上服务友好度和智能化水平"评价很好的占比36.19%，明显高于"线下综合服务和自助服务"（很好占29.83%），线下服务感受"较好"的比重（44.38%）高于线上（"较好"占40.95%），有22.62%的企业对线下服务感受一般（见图4-5）。

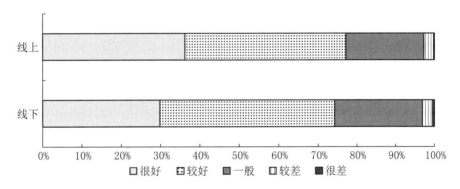

图 4-5　上海营商环境线上服务和线下服务的满意度

数据来源：问卷调查（2021）。

"一网通办"改革成效显著，线上服务满意度普遍较高。2021年的调研中，企业对上海"一网通办"政务服务平台的各项线上服务的满意度都在94%以上。其中，"一网通办"平台各类事项集成化程度（97.92%）和办理便利度（97.19%）的企业满意度最高。仅就满意度"很好"和"较好"的合计比例数据分析，企业好评率最高的仍是"一网通办"平台各类事项集成化程度（81.30%）和办理便利度（80.44%）这两项。可见，上海市"一网通办"政务服务平台作为抓手，网上政务事项办理的集成化和便利度提升成效显著。但企业对"高频事项无人干预自动审批""推广电子印章""企业专属网页建设"相对其他线上服务，满意度偏低（见图4-6）。

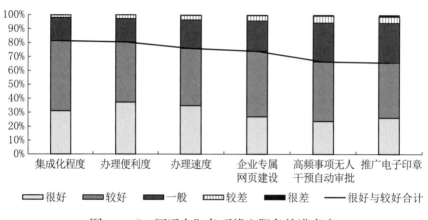

图 4-6　"一网通办"各项线上服务的满意度

数据来源：问卷调查（2021）。

线下服务采用"一窗受理、分类审批、一口发证"的综合服务模式，受企业认可。对此，本书主要针对综合窗口服务以及高效办成一件事进行满意度测评。结果显示（由高到低，保留小数点后两位）：企业对于"综合类自助终端、服务设施"为满意度97.07%，对"现场检测查验事项全面推行预约服务"和"窗口事务官"制度的满意度均为96.94%，"政务服务中心综合窗口比例"的满意度为96.82%，"高效办成一件事清单化管理"满意度为96.46%，"综合窗口服务高效快捷"满意度96.33%。上述线下服务的满意度测评结果均超过了95%，反映出企业对线下综合服务模式表示认可（见表4-2）。

表 4-2　企业对线下服务各分项指标的满意度

	政务服务中心综合窗口比例	对现场检测查验事项全面推行预约服务	综合窗口服务高效快捷	"窗口事务官"制度	高效办成一件事清单化管理	综合类自助终端、服务设施
很好	27.995%	29.951%	30.685%	29.095%	30.685%	35.941%
较好	47.677%	46.210%	42.543%	46.210%	43.032%	43.399%
一般	21.149%	20.782%	23.105%	21.638%	22.738%	17.726%
较差	2.934%	2.567%	2.934%	2.323%	3.056%	2.567%
很差	0.244%	0.489%	0.733%	0.733%	0.489%	0.367%
满意度	96.822%	96.944%	96.333%	96.944%	96.455%	97.066%

本题有效填写企业数：782 家

数据来源：问卷调查（2021）。

（二）市场监管

作者于 2021 年对信用监管、"双随机、一公开"监管、综合执法及包容审慎监管四项指标进行测评，企业满意度均超过了 95%。其中，表现最佳的是综合执法（98.04%），"双随机、一公开"监管

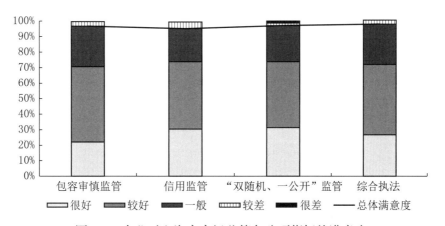

图 4-7　企业对上海市市场监管各分项指标的满意度

数据来源：问卷调查（2021）。

（97.07%）次之（见图 4-7、表 4-3）。上述数据表明，上海作为首个开展"一业一证"改革的区域，综合监管执法成效显著。同时严格执行"双随机、一公开"监管，在市场监管的公开、公平、公正方面获得企业肯定。

表 4-3　企业对上海市市场监管各分项指标的满意度

	包容审慎监管	信用监管	"双随机、一公开"监管	综合执法
很好	22.13%	30.44%	31.42%	26.77%
较好	48.53%	43.40%	42.42%	45.35%
一般	26.04%	21.27%	23.23%	25.92%
较差	2.93%	4.28%	1.59%	2.57%
很差	0.37%	0.61%	0.73%	0.61%
满意度	96.70%	95.11%	97.07%	98.04%

本题有效填写企业数：782 家

数据来源：问卷调查（2021）。

但在包容审慎监管和信用监管等监管模式创新上仍有提升空间。企业对包容审慎监管和信用监管的满意度相对偏低，分别为 96.70% 和 95.11%。在包容审慎监管方面，其中仅有 22.13% 的企业认为"很好"，该比例相对"双随机、一公开"监管和综合执法而言较低，另外有 28.97% 的企业选择"一般"和"较差"这两个选项，甚至有个别企业选择"很差"。在信用监管建设方面，选择"很好"或"较好"企业比重，也明显落后于"双随机、一公开"监管和综合执法，并且 25.55% 的企业选择"一般"和"较差"这两个选项，也有个别企业选择"很差"。

　　具体分析调查包容审慎监管存在的问题：53.67% 的企业认为"轻微违法违规行为免予处罚事项清单等信息公示不及时、不透明"；44.87% 的企业反映"免罚事项标准判定不明晰"；42.42% 的企业认为"对在线新经济及新产业、新业态的包容不足"；40.22% 的企业认为"免罚清单包含免罚事项过少"；39.98% 的企业认为"相关配套制度不完善"；31.78% 的企业认为"缺乏对企业创新包容监管的意识"（见图 4-8）。

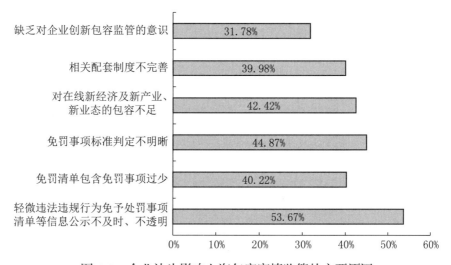

图 4-8　企业认为影响上海包容审慎监管的主要原因

数据来源：问卷调查（2021）。

　　具体分析调查信用监管存在的问题：47.43% 的企业认为"公共信用信息嵌入业务系统和执法监管系统不足"和"信用分类管理不足"；45.35% 的企业认为"未实施差异化监管"；42.79% 的企业反映"信用修复机制不完善"；41.20% 的企业反映"信用惩戒存在没有法律法规规章依据"；26.77% 的企业感到"长三角跨区域联合奖惩有所欠缺"（见图 4-9）。

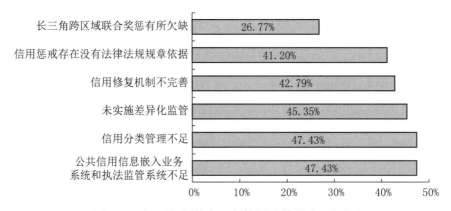

图 4-9   企业认为影响上海信用监管的主要原因

数据来源：问卷调查（2021）。

先进生产性服务业在经营过程中受政府监管影响很大。对此，作者于 2019 年专门针对上海市七类先进生产性服务业企业（包括商业银行、保险公司、证券公司、律师事务所、会计师事务所、物流公司、广告公司）受政府监管的情况开展问卷调研。调研反映，金融机构（如银行、证券公司和保险公司）受政府监管政策和措施的影响很大。监管效果直接影响了管理者对经营运作金融机构的主观感受。总体上，各类金融机构对监管效果比较满意，其中，银行满意度最高，保险次之，证券有待提高。

银行对于政府监管工作普遍较为满意。商业银行风险监管的满意度达到了 90% 以上，银行业公平竞争的监管、对银行业违法违规事件的监管、跨市场（业务）监管的满意度也均在 80% 以上（见图 4-10）。

保险公司对偿付能力监管效果最为满意，26% 的保险公司认为监管效果"很好"、72% 认为"较好"。穿透式监管效果的满意度也较高，近九成保险公司认可了穿透式监管的实施效果。保险公司对于互联网保险、保险违法行为、市场公平竞争的监管效果满意度较低。

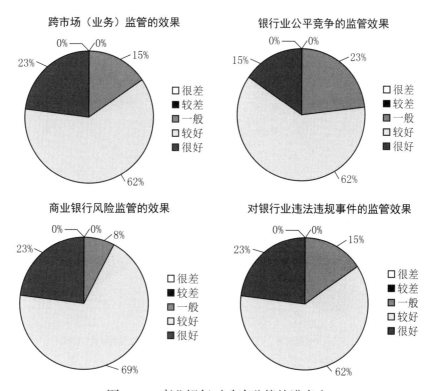

图 4-10　商业银行对政府监管的满意度

数据来源：问卷调查（2019）。

尤其是互联网保险监管效果，仅有不到半数的保险企业选择了监管效果"很好"和"较好"。保险违法行为查处也有待改善，有11.11%的保险公司认为效果"很差"（见图4-11）。

　　证券市场参与者多、投机性强、敏感度高、风险传导速度快，是一个高风险的市场。因此，证券市场监管尤为重要，同时难度也很高。超过半数的证券公司选择了"较好"或"很好"，与银行和保险机构相比较，证券公司对于政府监管工作的满意度偏低，证券监管依然有较大的提升空间（见图4-12）。

　　除金融机构外的其他四类先进生产性服务业企业，在政府事中事后监管方面，会计市场要明显优于法律服务、广告和物流市场。会计

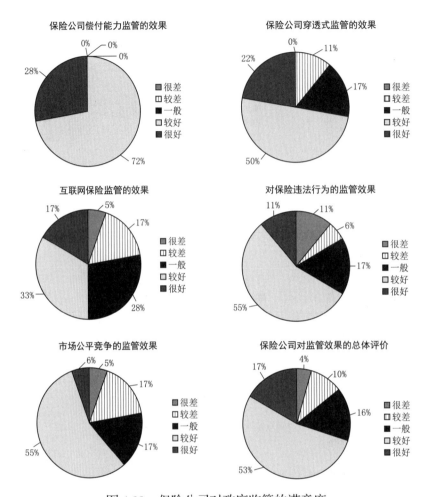

图 4-11　保险公司对政府监管的满意度

数据来源：问卷调查（2019）。

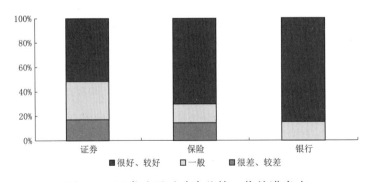

图 4-12　证券公司对政府监管工作的满意度

数据来源：问卷调查（2019）。

师事务所对政府监管质量满意度非常高，选择"很好"或"较好"的合计将近90%。而物流公司、广告公司和律师事务所对政府监管质量的满意度，要比行政程序便利化低了约10个百分点（见表4-4）。究其原因，律所、广告公司和物流公司认为，政府监管质量主要受"违规成本低""企业间恶性竞争"和"多头监管导致监管重叠"影响。会计师事务所则普遍认为影响监管质量的主因是由于企业间恶性竞争（占78.95%）。

表4-4　广告公司、物流公司、律所、会计师事务所对政府证照办理
和监管执法的满意度

企业类型	题目 / 选项	满意度
广告公司	牌照、行政许可审批（时间、手续）	85.19%
	政府的监管执法	74.07%
物流公司	牌照、行政许可审批（时间、手续）	81.82%
	政府的监管执法	72.73%
律师事务所	牌照、行政许可审批（时间、手续）	88.46%
	政府的监管执法	73.08%
会计师事务所	牌照、行政许可审批（时间、手续）	80.00%
	政府的监管执法	89.47%

数据来源：问卷调查（2019）。

三、法律保护方面

法治是最好的营商环境。由于法律保护的相关测评指标具有较强的专业性和技术性，本书在2021年调研过程中，首先就办理破产和企业合规管理的总体满意度对782家企业进行调研评估，并且专门对

来自锦天城等九家律师事务所的 45 位律师进行了关于智慧司法、办理破产等营商法治保障领域的深度调研。

（一）司法保障

在智慧司法方面，共测评 11 项内容：其中，满意度最高的前三项为"企业合规管理"（98.29%）、"企业法律文书送达地址先行确认及责任承诺制"（95.56%）、"电子送达平台建设"（93.33%）（见表 4-5）。

这三项的领先说明了上海市在企业合规管理和文书送达方面的改革措施得到法律工作者的普遍认可。满意度最低的是"运用信息化手段提升审判执行效率，压缩执行合同时间"，受访的 45 位律师中有 9 位选择"一般"，6 位选择"较差"，甚至有 2 位律师感到"很差"。相比其他测评指标，审判执行效率的负面评价比重明显增多，反映出法院在信息化赋能审判执行工作上仍然需持续推进。

纵向比较 2019 年对律师事务所等先进生产性服务业企业的调研数据，总体来看法律专业人士对上海市法律环境的满意度有所提升。2019 年，受访的四类先进生产性服务企业（物流公司、广告公司、律所和会计师事务所）普遍对行业标准和规范感到满意。在四类服务企业中，律师事务所却对法律环境满意度最低，并且行业诚信水平的满意度也显著低于其他三类企业，在行业自律和公众监督方面都分别只有 53.84% 和 50% 的企业认为较好（或很好）（见图 4-13）。

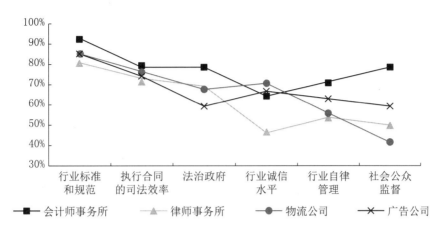

图 4-13　物流公司、广告公司、律所和会计师事务所对法律保护的满意度

数据来源：问卷调查（2019）。

表 4-5　律师对上海市智慧司法的满意度

	很好	较好	一般	较差	很差	满意度
线上立案	33.33%	35.55%	22.22%	6.66%	2.22%	91.11%
随机自动分案系统与繁简分流	28.88%	22.22%	40.00%	6.66%	2.22%	91.11%
线上办案	40.00%	28.88%	20.00%	4.44%	6.66%	88.89%
律师执业证和微法院对接	42.22%	37.77%	11.11%	8.88%	0.00%	91.11%
电子送达平台建设	35.55%	42.22%	15.55%	2.22%	4.44%	93.33%
司法鉴定准确度与收费	31.11%	26.66%	28.88%	4.44%	8.88%	86.67%
诉讼与公证协同程度	33.33%	28.88%	28.88%	4.44%	4.44%	91.11%
企业法律文书送达地址先行确认及责任承诺制	48.88%	33.33%	13.33%	0.00%	4.44%	95.56%
依托科技手段提升涉电商平台、科技金融、消费金融等新型群体性纠纷案件审判质效	37.77%	26.66%	24.44%	6.66%	4.44%	88.89%

（续表）

	很好	较好	一般	较差	很差	满意度
诉讼费用减免及其他便利化措施等的宣传	42.22%	24.44%	22.22%	6.66%	4.44%	88.89%
运用信息化手段提升审判执行效率，压缩执行合同时间	33.33%	28.89%	20.00%	13.33%	4.44%	82.22%

本题有效填写律师人数：45人

数据来源：问卷调查（2021）。

（二）企业注销退出与办理破产

在办理破产方面，在782家企业中有95.72%的企业给出了满意的答复（包括"很好""较好"和"一般"），但选择"很好"的比重较小、仅有18.34%，多数企业认为"较好"（43.54%）和"一般"（34.84%）。另有4.28%的企业给出了负面评价，其中"较差"占3.79%，"很差"占0.49%。总体来看，企业对办理破产的满意度相对较低（见图4-14）。

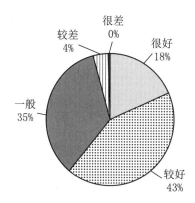

图4-14　企业对上海办理破产的总体满意度

数据来源：问卷调查（2021）。

向45位律师深入了解上海在办理破产方面存在的问题，主要有："破产案件财产处置联动机制"（统一破产企业土地、房产、车辆等处置规则）和"企业破产府院联动工作协调机制"，均有约半数律师认为"一般""较差"或"很差"。由于破产案件通常法律关系相对错综复杂、利益牵扯多，耗时久、周期长，法院虽一直在努力加快办案节奏，但仍有一些客观因素难以克服，如破产资产处置难问题。因此，调研反映律师在实际工作过程中，对统一破产企业土地、房产、车辆等处置规则，破产信息查询和财产接管、协查、处置等流程，政府有关部门与破产法院联动协调等方面都提出了更高的要求（见图 4-15）。

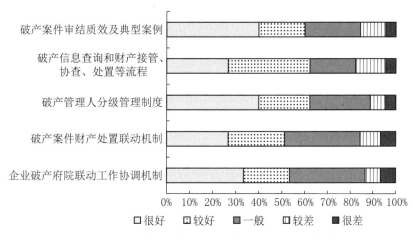

图 4-15　上海办理破产方面仍存在的主要问题

数据来源：问卷调查（2021）。

（三）知识产权保护

2021 年本书就企业对上海市知识产权保护领域的主观感受进行了调研，具体涉及知识产权质押融资，专利、商标等知识产权专业服务大厅，电子商务领域的知识产权保护，知识产权举报投诉集中处理平台，专利、商标侵权执法（如惩罚性赔偿等）等方面。

　　整体上，大多数企业对上海市知识产权保护环境表示满意，多数企业认为上海的知识产权保护环境"较好"（占比 51.83%），有 27.26% 企业认为"很好"，仍有 15.40% 的企业认为"一般"，2.57% 的选择"较差"，0.49% 的企业选择"很差"（见图 4-16）。

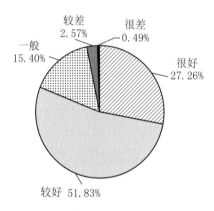

图 4-16　企业对上海市知识产权保护环境的总体满意度

数据来源：问卷调查（2021）。

　　从各分项指标来看，企业满意度较高的两项分别是"专利、商标等知识产权专业服务大厅"和"知识产权质押融资"，"知识产权举报投诉集中处理平台"和"专利、商标侵权执法（如惩罚性赔偿等）"满意度较低（见表 4-6）。企业反映较多的问题有：58.19% 的企业认为"申请专利、商标等程序繁琐、周期长"，44.50% 的企业认为"办理知识产权质押融资评估难、获得融资的成功率低"，36.43% 的企业认为"电商领域的商标、版权侵权案件频发"（见图 4-17）。可见，从申请获得知识产权保护、到使用知识产权融资、知识产权侵权执法上都仍然存缺陷。

表 4-6　企业对知识产权保护各分项指标的满意度

	知识产权质押融资	专利、商标等知识产权专业服务大厅	电子商务领域的知识产权保护	知识产权举报投诉集中处理平台	专利、商标侵权执法（如惩罚性赔偿等）
很好	23.84%	31.05%	28.12%	26.89%	26.16%
较好	40.46%	43.28%	42.05%	40.71%	40.83%
一般	30.81%	22.00%	24.33%	25.31%	25.31%
较差	2.81%	3.06%	4.77%	5.87%	6.11%
很差	0.98%	0.61%	0.73%	1.22%	1.59%
满意度	95.11%	96.33%	94.50%	92.91%	92.30%

本题有效填写企业数：782 家

数据来源：问卷调查（2021）。

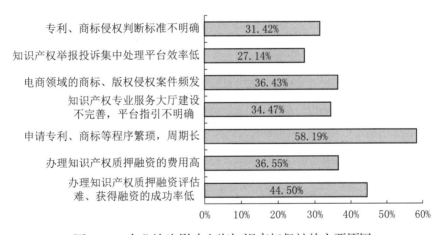

图 4-17　企业认为影响上海知识产权保护的主要原因

数据来源：问卷调查（2021）。

　　高新技术企业的核心竞争力就是技术，对企业知识产权的有力保护，是鼓励和保障企业技术创新的法治基础。为助力上海建设具有全球影响力的科创中心，作者于 2019 年专门针对高新技术企业开展过调研，大多数高新技术企业对上海市的知识产权保护状况表示满意。其中，"专利保护"的满意度最高，"较好"和"极好"合计略高于80%；认为"商业秘密保护"中"很好"的比重最高，占31.4%；满意度最低的是"知识产权执法效率"（见图4-18）。此外，有8家企业认为上海在数据安全方面较差，42家企业认为一般。

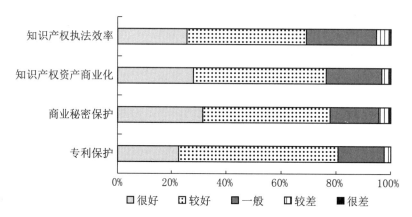

图 4-18　高新技术企业对知识产权保护的满意度

数据来源：问卷调查（2021）。

四、市场环境方面

（一）市场准入

在2021年的企业调研中，上海在市场准入方面的满意度表现优秀，企业的总体满意度达到98.66%。其中24.21%的企业选择"很好"，57.46%的企业选择"较好"，16.99%的企业认为"一般"，1.35%的企业感受"较差"，没有企业选择"很差"（见图4-19）。从各分项指标来看，满意度最高的是：告知承诺制和"一业一证"改革、均为97.92%，证明事项和涉企经营许可目录清单的满意度为

96.82%，公平竞争审查的满意度为 95.84%，最低的是市场准入的隐形门、旋转门（94.25%）。市场准入的开放与改革已经迈入深水区，一些硬性条件与客观流程得到优化，而下一步需要在软环境上持续优化。

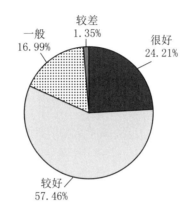

图 4-19　企业对上海市场准入的满意度

数据来源：问卷调查（2021）。

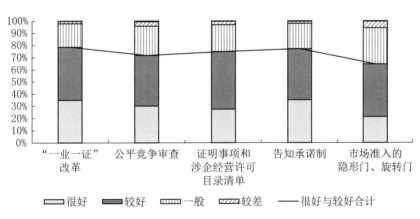

图 4-20　企业对上海市场准入各分项指标的满意度

数据来源：问卷调查（2021）。

跨国公司在市场准入时受到外商投资准入限制，先进生产性服务企业如金融机构等也具有一定行业准入门槛。对此，作者于 2019 年专门就跨国公司和先进生产性服务企业开展了市场准入方面的调研。

在调查中，接近80%的跨国公司认为它们享有与内资企业同等的待遇，甚至有18.14%的企业认为跨国公司享有优于内资企业的待遇。此外，本调查在针对"外资市场准入"方面的数据结果显示，82.74%跨国公司对外资市场准入的主观感受上表示满意或较满意。这说明上海政府在对内资企业和外资企业的待遇平等性方面的工作效果显著。在对于市场环境的六项细分调查中，跨国公司满意度从高到低依次是基础设施建设、市场规模及市场潜力、外资市场准入、公平贸易，资金跨境流转以及人员跨国流动的满意度较低（见图4-21）。

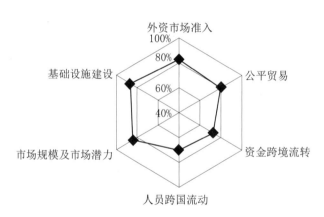

图 4-21 跨国公司对于市场环境方面的满意度

（认为"很好"和"较好"的合计占比）

数据来源：问卷调查（2019）。

七类受访的先进生产性服务企业中，金融市场准入难度普遍较高，证券机构感到市场自由度较低。获取不同的保险业务许可的难易程度差别较大。约有33%的保险企业认为财产保险市场准入"很容易"或"较容易"，27.78%的保险企业认为责任保险和信用保证保险准入难度不高（"很容易"或"较容易"），而多数保险企业（占

67%）的认为获得人身保险牌照容易。可见，人身保险准入难度较低，而财产保险、责任保险和信用保证保险的准入难度较高。据悉，随着保险业监管的严厉加强，涉足保险的难度可能会加大。近两年来，上市公司申请保险牌照只有不到六分之一获得批准。根据《商业银行法》以及银保监会的相关规章，商业银行新设的准入门槛较高，并且设立后新业务许可和开展也有一定难度。38.46%的商业银行感到新业务开展不容易。其中，银行业务的准入难度最高的前三位，依次为银行卡业务、投资业务、结算业务；相对容易获得的有贴现业务、汇兑业务、租赁业务和代理业务牌照。证券机构的市场准入普遍难度较高，近半数证券公司感到各类证券牌照都不容易获得。其中，17%以上的证券机构感到要获取证券承销与保荐业务许可、证券自营业务或证券资产管理业务许可"很难"或"较难"。

广告、会计、律所和物流这四类企业中，市场准入壁垒和竞争公平的满意度与行业特点密切相关。由于广告行业的准入门槛较低且充分竞争，所以，广告公司对市场准入壁垒和公平竞争的满意度都比较高。在会计服务行业，多数企业认为市场准入壁垒并不高，但在市场公平竞争方面的满意度低且明显低于其市场准入。在调研中，许多会计师事务所反映市场受到了企业间恶性竞争的负面影响。物流行业的准入壁垒相对较高，市场竞争也比较激烈。律师事务所及其执业律师的准入都受资质限制，因此。律所对于市场准入壁垒的满意度也不太高，约为65%。而律所对于市场竞争公平性的满意度是四类现代服务业企业重最低的，尚未过半。一方面，说明了法律服务行业的恶性竞争较多；另一方面，由于从事法律服务工作，答题人在公平性上更为敏感。

（二）人才政策与劳动力供给

　　人才是创新与发展的重要驱动力。上海要打造国际一流的营商环境，必须营造与之相匹配的人才环境。本书对上海人才素质、人才供给、人才政策等方面进行测评，根据 2021 年企业调研结果显示，企业对上海人才环境的总体满意度较高（见图 4-22）。

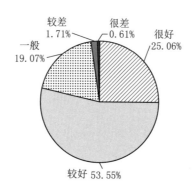

图 4-22　企业对上海市人才环境的总体满意度

数据来源：问卷调查（2021）。

　　从人才素质、人才政策和劳动力供给的调研数据来看，满意度的最高的是人才素质，说明绝大多数企业（96.21%）对技术人员、高级管理人员等的人才素质感到满意。而劳动力供给和人才政策的满意度相对略低。尤其是对人才政策，有 4.16% 的企业认为"较差"，甚至有 0.98% 的企业选择了"很差"（见表 4-7）。

表 4-7　企业对上海市人才素质、劳动力供给和人才政策满意度

	人才素质（如技术人才、高级管理人才等）	劳动力供给	人才政策
很好	34.60%	25.79%	28.48%
较好	43.52%	43.64%	44.13%
一般	18.09%	25.79%	22.25%

（续表）

	人才素质（如技术人才、高级管理人才等）	劳动力供给	人才政策
较差	3.30%	4.03%	4.16%
很差	0.49%	0.73%	0.98%
总体满意度	96.21%	95.23%	94.87%

本题有效填写企业数：782 家

数据来源：问卷调查（2021）。

调查中，有 70.66% 的企业认为企业薪酬水平是影响人才环境的主要原因。54.28% 的企业认为生活成本逐年上升导致人才流失。排名第三的主要原因是，子女入学、就医、住房等方面压力大（45.97%）。外地人才落户难仍然存在（40.10% 的企业认为外地人才落户难），而外籍人才落户相对容易（11.61% 的企业认为外籍人才留沪难）。37.04% 的企业认为企业的工作环境不理想；34.60% 的企业认为人才市场不健全，就业信息不对称，31.54% 的企业认为为引进人

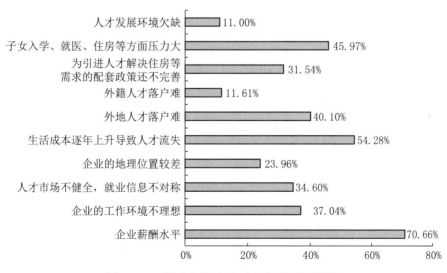

图 4-23　影响上海市人才环境的主要原因

数据来源：问卷调查（2021）。

才解决住房等需求的配套政策还不完善；此外，23.96% 的企业认为企业的地理位置较差，还有 11.00% 的企业认为人才发展环境欠缺（见图 4-23）。

（三）企业成本

在 2019 年的调研中，对于上海营商环境存在的突出问题，企业反应最强烈的是"企业成本负担仍然较重"。内外资企业都普遍感到，在上海经营的商务成本很高。图 4-24 显示，有超过六成的跨国公司认为经营成本较高，其中有 11.50% 的企业感受经营成本"极大"，仅有 6.43% 的企业认为经营成本"较小"。根据民营企业的统计数据也得到相似的结果，有 7% 的企业认为总体成本"极大"，56% 认为成本"较大"。

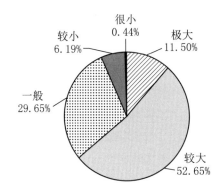

图 4-24　跨国公司经营成本的调查结果

数据来源：问卷调查（2019）。

尽管与纽约、伦敦、巴黎等国际主要城市相比，上海的用地成本处于中等水平，人力成本偏低，但若综合考虑城市的经济发展、收入水平等，企业在上海营商的生产要素成本中，用地成本和人力成本最为突出。以跨国公司为例，具体而言，80.09% 的跨国公司感受到人力成本"极大"或"较大",70.35%的跨国公司感到用地成本高,同时,大部分企业认为目前资金成本较高,水电成本的压力较小。可见,人力成本和用地成本是企业经营成本居高不下的重要原因。

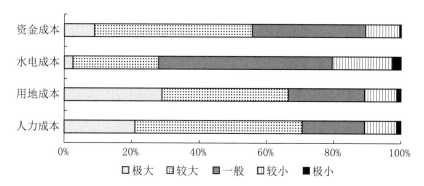

图 4-25　民营中小企业对上海营商各类生产要素成本的感受

数据来源:问卷调查(2019)。

表 4-8　跨国公司经营成本细分调查

题目 / 选项	高(选择极大或较大)	占比
人力成本	181	80.09%
用地成本	159	70.35%
水电成本	70	30.97%
资金成本	140	61.95%

数据来源:问卷调查(2019)。

在对先进生产性服务业企业的调研中,受访的物流公司、广告公司、律所和会计师事务所普遍感到企业经营成本较高,其中,人力成本和用地成本对企业造成的负担最重,分别有77.04%和71.11%的上述企业认为成本"极大"或"较大",仅有1.48%的企业认为人力成本和用工成本很小。

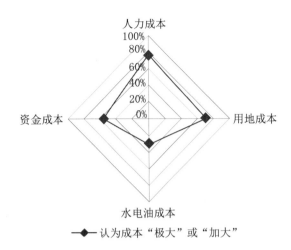

图 4-26　物流公司、广告公司、律所和会计师事务所对企业成本的感受

数据来源：问卷调查（2019）。

　　为降低企业税费负担，增强企业活力，国家实施了结构性减税政策，尤其对重点扶持的高新技术企业实施税收优惠和补贴，对高新技术企业降低成本的作用较大。绝大多数高新技术企业（97.63%）享受了财政补贴或税收优惠（见图 4-27）。有 98 家高新技术企业认为税收优惠、扶持或补贴对降低企业经营用的作用"较大"，有 17 家企业认为作用"极大"，二者相加有超过半数的受访企业对于政策优惠对降成本的作用给予了肯定。

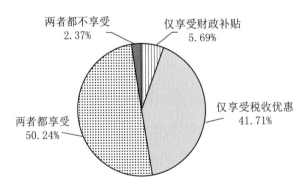

图 4-27　高新技术企业是否享有税收优惠或财政补贴的企业数量比重

数据来源：问卷调查（2019）。

虽然仅有 2.37% 的高新技术企业既没有享受财政补贴又没有享受税收优惠，但是，约有半数的受访企业在既享受财政补贴或税收优惠的情况下，仍然感到税收负担一般，约有 1/4 的企业有较大或极大的税收负担，仅有 8 家企业表示没有税收负担。

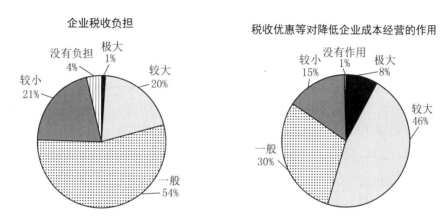

图 4-28 高新技术企业的税收负担大小与税收优惠等对降低企业成本的作用

数据来源：问卷调查（2019）。

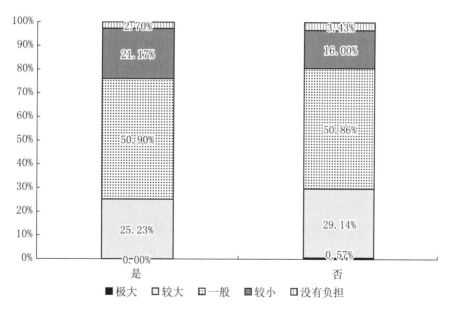

图 4-29 是否享受税收优惠政策中民营企业税费负担程度占比情况

数据来源：问卷调查（2019）。

与高新技术企业相比，民营中小企业的税收优惠政策效果不够显著。根据图 4-29 横向比较，认为税费负担"较大"的企业中有 52.34% 是享受税收优惠政策的，认为税费负担"一般"的企业中有 55.94% 享受税收优惠政策，认为税费负担"较小"的企业中有 62.67% 享受税收优惠政策。纵向比较，享受税收优惠政策的企业税收负担程度与未享受税收优惠政策的企业相差不大。说明民营中小企业对税收减免政策获得感一般。

表 4-9　对应表（交叉表）分析

题目	名称	税收负担（%）				总计	X^2	p
		较大	一般	较小	没有负担			
是否享受税收减免：	是	28（62.22）	42（53.85）	14（56.00）	1（50.00）	85（56.67）	0.859	0.835
	否	17（37.78）	36（46.15）	11（44.00）	1（50.00）	65（43.33）		
总计		45	78	25	2	150		

* $p<0.05$　** $p<0.01$

第五章
上海建设国际一流营商环境
的重点领域总结

　　根据"1+X"营商环境评价指标体系比较分析上海与其他国际主要城市在营商环境领域的优势和短板，并结合上海现有的优化营商环境制度供给和改革特色，同时有效反映企业诉求，具体可以在以下六个重点领域，深化"放管服"改革，持续打造国际一流营商环境。

第一节　政务效率和政府服务

一、政务效率优势补强

　　近年来，上海在开办企业、办理施工许可、获得电力、跨境贸易等方面实施多项改革，提升了政务效率，降低了企业制度性交易成本。但与纽约、伦敦、新加坡、巴黎、香港、东京等国际主要城市相比，上海在政务效率上尚不具有明显优势，在办理各项审批许可的手续、时间、成本上仍有提升空间。[1]

2019 年特斯拉项目在招商、规划、土地、建设、施工、验收、上市等全流程各环节都进行了重大改革与创新突破，特斯拉汽车首席执行官埃隆·马斯克在开工现场用"令人惊叹"来形容亲身感受，这是上海市政务效率优势的一个缩影。[2]但该案例也有具有一些特殊性，如何在政府日常审批监管工作过程中持续提升办事效率、凸显上海政务效率优势仍需努力。调研中，企业对政务效率提出更高要求，并直接影响满意度，包括线上和线下的政务效率、专利等知识产权申请程序效率、法院审批执行效率等。各级、各部门政府出台了许多进一步优化营商环境的政策措施，但实际效果与政府部门的努力和付出却未必互相匹配。

二、政府服务创新的配套制度

服务创新的初衷是为了提升效率和便利度，但若与之配套的制度保障不够完善，将影响落实效果。调研中，企业对"高频事项无人干预自动审批""推广电子印章"等创新服务相对其他线上服务，满意度偏低。

---

[1] 鲍晓晔：《在更大范围和更宽领域进一步优化上海营商环境》，《科学发展》2020 年第 8 期。

[2] 2019 年 1 月 7 日，特斯拉上海超级工厂在临港产业区正式开工建设，当年年底特斯拉 Model 3 上市，实现当年开工、当年竣工、当年投产、当年上市（常规车企从签约到开工至少 1 年，从开工到上市至少 2 年）。

在推广电子印章方面,企业电子印章如法人一证通(Ukey)在项目审批、办理社保中广泛使用,但目前电子印章推广使用情况不够理想。企业主要的担忧,集中于安全隐患。诸如办理人与Ukey登记人不一致情况、办理人将Ukey出借给他人等情况时有发生。特别是在集团公司中,各类投资项目公司的法人代表通常为项目主要技术(业务)人员,给集团公司统一管理用印带来不便。为解决上述问题,本市电子印章的相关管理办法急需修改并公布。

税务系统采用人脸识别及App扫码登录,可以解决实际办理人与密钥登记人不一致的问题,但目前人脸识别尚未制定相关立法,个人生物数据被收集(尤其被强制收集)也存在一些争议。在《上海市数据条例(草案)》中曾规定,处理涉及自然人生物识别信息的数据的,应当同时提供实现该处理目的的其他替代方案。但在正式出台的《上海市数据条例》中该款被删除。如何协调使用安全性、用户真实性认证,与公民自由选择权之间的平衡,既是商业机构同时也是政府公共部门需要研究的话题。

上海优化营商环境4.0版方案提出了一个创新举措:高频事项无人干预自动审批。这一举措提出后,符合系统设定的高频事项,都可以通过系统自动审批,完全不需要人工去操作,这会进一步去提升各大高频事项的审批效率。企业对高频事项无人干预自动审批的认可度和认知度都较低。随着这项改革措施的逐步推广使用,企业的认知度和获得感将逐渐得到低提升,然而,人工智能手段在政府行政审批监管事项中的应用在减轻人工压力、提高办事效率的同时,也将随之带来一些有待进一步研究和规范的问题,如算法错误引发的法律后果和责任。例如,美国密歇根州曾开发了一个"数据自动化系统",对该州居民申请失业补贴进行审核。由算法自动识别申请人是否存在欺诈或舞弊行为，并以此进行处罚。最后表明系统的错误率高达 93%，受影响的当事人达 4 万人。

三、加强系统集成

最新关于上海优化营商环境的改革文件中，多次要求加强系统集成，激发市场活力。《上海市加强改革系统集成持续深化国际一流营商环境建设行动方案》(上海优化营商环境 4.0 版) 要求，加强地方事权系统集成，继续深化、细化、系统化各领域改革，最大限度增强改革综合效应。《上海市加强集成创新持续优化营商环境行动方案》(上海优化营商环境 6.0 版) 强调集成创新的关键性，并且致力于推动政务服务的一体化进步，在政务环境、法治环境、公共服务、监管执法等方面协同创新，提升营商环境综合优势。修改后的《上海市优化营商环境条例》中第五条新增一款，"浦东新区应当以打造社会主义现代化建设引领区为目标，加强改革系统集成，在优化营商环境方面大胆试、大胆闯、自主改"。

调研中，企业对效率提出更高要求，并直接影响满意度，包括线上和线下的政务效率、专利等知识产权申请程序效率、法院审批执行效率等。各级、各部门政府出台了许多进一步优化营商环境的政策措施，但实际效果与政府部门的努力和付出却未必互相匹配。企业充分肯定了政府服务态度，但也对服务效率提出诉求。防止 1+1<2，关键是要加强系统集成，改变"多龙治水"，提升实际效果。

第二节　法律保护

一、司法保障与智慧司法

我国在世界银行旧版指标《营商环境评价报告》中的"执行合同"指标排名一直位于世界前列、具有领先优势，但在营商法治保障方面，市场主体仍对智慧司法提升审判执行效率提出了更高的要求。调研中，法律工作者主要对"运用信息化手段提升审判执行效率、压缩执行合同时间"的负面评价较多。迟到的正义非正义。因此，法院在提升审批执行效率方面，如何尽快尽早地保护当事人合法权益方面仍有改善空间。

此外，"线上办案"和"依托科技手段提升涉电商平台、科技金融、消费金融等新型群体性纠纷案件审判质效"这两方面的满意度也偏低，反映出法院在信息化赋能审判执行工作上仍然需持续推进。

二、企业退出机制和办理破产

市场主体的"进"与"出"都是营商环境的重要组成部分。通过与国际主要城市比较研究，办理破产仍是上海营商环境的一项短板指标。在全市范围的调研中，企业对办理破产、简易注销等退出机制的满意度，要低于市场准入、开办企业、政务服务等准入机制，企业退出难、破产难问题仍存在。用企业破产的案件作为一个例子来说，很多的问题企业、债权人等主体还面临着申请企业破产清算的时候"立案困难"、审理的时间比较长、破产配套制度不够完善、打击"逃废债"的力度不够强等问题，从而使得一些"僵尸企业"依然占用着市场的资源、企业市场推出机制缺位、债权债务没有办法及时得到清偿、企业回归市场遇到阻碍等问题。从事破产管理人工作的律师反映，在企业破产"府院联动"工作协调机制、破产案件财产处置联动、破产信息查询和破产流程、破产案件审结质效及典型案例等方面都还存在不足。

在市场主体失败后，应该为其提供有序、有效的退出机制。在简易注销方面，上海浦东已有新规出台。2021年9月28日，《上海市浦东新区市场主体退出若干规定》(简称《退出规定》)获表决通过，为市场主体有序、有效地退出提供法律依据。《退出规定》提出"优化简易注销登记程序"，缩短企业退市所需时间。截至2021年11月3日的官方统计，目前已有58家企业在平台上发布了简易注销公告。在破产方面，上海市人大常委会于2021年11月25日审议通过了《上海市浦东新区完善市场化法治化企业破产制度若干规定》(简称《破产规定》)。浦东新区先行先试改革企业退出机制，已做到立法先行，下一步，上海继续深化简易注销和办理破产改革，还需健全完善制度建设、配套措施、司法保障等方面，为破解市场主体退出难题提供法治保障。

第三节　市场准入

一、市场准入限制

在市场准入方面，我国通过不断缩减外商投资准入负面清单和放松外资股权比例限制，加大对外开放，但根据一些国际研究报告，目前上海在投资和金融市场准入上仍存有限制，对比其他国际主要城市，市场开放力度有待加强。

新颁布的《外商投资法》明确规定，准入前国民待遇加负面清单管理制度。在企业调研中，绝大部分企业认同外资企业已享有了国民待遇，甚至有一定比例的企业认为外企的待遇优于国内企业。这说明上海政府在对内资企业和外资企业的待遇平等性方面的工作效果显著。当然，也由于参与调研的跨国公司已经获得市场准入在沪设立企业。[1]2013年上海自贸区出台了我国第一张负面清单，最初190条，经多年改革已大幅缩减。但随着全国各地自贸区的先后设立，现在上海开放优势并不明显。

二、"一业一证"改革深化与推广

上海浦东在全国首创市场准入"一业一证"改革，探索建立行业综合许可制度和行业综合监管制度，将一个行业经营涉及的多张许可证，整合为一张"行业综合许可证"，实现"一证准营"，推动审批管理服务从"以政府部门供给为中心"向"以市场主体需求为中心"转变。同时对纳入改革试点的行业，实施事中事后综合监管。2020年11月，国务院批复了《关于上海市浦东新区开展"一业一证"改革试点大幅降低行业准入成本总体方案》，试点期至2022年底。要求深入贯彻落实习近平总书记关于支持浦东在改系统集成协同高效方面先行先试、积极探索、创造经验的重要指示精神，落实国务院关于深化"放管服"改革、优化营商环境的部署要求，站在浦东开发开放30周

[1] 鲍晓晔：《在更大范围和更宽领域进一步优化上海营商环境》，《科学发展》2020年第8期。

年的新起点上，扎实推进"一业一证"改革试点，推动审批管理服务从"以政府部门供给为中心"向"以市场主体需求为中心"转变，走出一条照后减证和简化审批新路径。

调研反映，"一业一证"改革上取得了较好成效，企业满意度高。下一步，上海应把优势做强，深化"一业一证"改革，为在全国范围持续深化"证照分离"改革、更好克服"准入不准营"问题积累更多可复制可推广的经验。

第四节　市场监管

一、信用监管和包容审慎监管

随着"放管服"改革的推进和深入，上海在企业证照办理和行政许可便利化方面的改善效果显著，在政府减少事先审批、简政放权的同时，也对经营过程中的政府监管执法质量提出了更高的要求。调研企业反映，上海市在相关行业标准和规范的制度建设方面较为完善合理，但在执法的效率、违法行为处罚的力度及各监管机关间协调合作方面仍需提高。政府监管对先进生产性服务业经营管理的影响很大。推进市场监管，有利于维护市场竞争秩序，进一步推进"放管服"，更大激发市场活力，增强发展内生动力。不怕市场"看不见的手"，就怕政府"闲不住的手"。[1]

---

[1] 鲍晓晔：《在更大范围和更宽领域进一步优化上海营商环境》，《科学发展》2020年第8期。

在监管模式改革创新上，信用监管和包容审慎监管仍有提升空间。信用体系在外部约束治理、构建包容审慎监管机制上至关重要。同时，信用监管也是实现"一业一证"综合监管的基础。对于中小企业，不仅要通过信用体系进行约束治理，同时完善企业信用修复机制，协助受突发事件影响出现失信行为的企业开展信用修复工作，营造宽严有序的市场监督环境。

法治社会，规则林立。稍有不慎，便可能出现违规。中小企业尤其是新产业、新业态的企业由于设立时间不长、经验不足等，合规能力较弱。对此，应当如同家长允许孩子犯错一样，给予企业成长的容错空间和改正机会。我国《行政处罚法》第27条"轻微违法免罚"可为依据，但在执法标准上仍须细化。自2019年3月上海市出台第一份"免罚清单"（《市场监管轻微违法违规经营行为免罚清单》）以来，已出台6份免罚清单，明确了94项市场主体轻微违法违规行为依法免罚。其中，全国第一份省级跨领域免罚清单是市场监管和消防领域免罚清单，该领域全国第一份免罚清单是文化市场、民房领域免罚清单。但仍需在更宽领域不断完善免罚清单、探索建立不予实施行政强制措施清单，健全宽严有度、激励相容的包容审慎监管模式。

二、知识产权执法力度

中共中央、国务院印发《知识产权强国建设纲要（2021—2035年）》要求，"建设支撑国际一流营商环境的知识产权保护体系"。上海建设具有全球影响力的科技创新中心，知识产权保护是鼓励技术创新的基础。全面提升知识产权治理水平，是进一步激励上海企业自主创新、优化营商环境的重要抓手。上海《关于强化知识产权保护的实施方案》提出，"严保护、大保护、快保护、同保护"的知识产权保护体系更加完善，知识产权保护意识明显提高，知识产权保护社会满意度达到较高水平。到 2025 年，知识产权制度激励创新和优化营商环境的作用得到充分发挥，制度完备、体系健全、环境优越的国际知识产权保护高地基本建成。直到 2025 年，知识产权制度激励创新和优化营商环境的作用可以得到充分的发挥，基本建成一系列制度完备、体系健全、环境优越的国际知识产权保护高地。

近年来我国多次出台知识产权保护新规及配套措施，知识产权保护得到持续加强，上海在国家首次知识产权保护工作检查考核中获评"优秀"等级。在由世界知识产权组织（WIPO）发布的《全球创新指数报告》科学技术集群中的排名上升到了第 9 位。但在调研中，还有企业反映，申请专利、商标等程序繁琐、周期长，办理知识产权质押融资评估难、成功率低、费用高，以及知识产权执法（如惩罚性赔偿等）等问题仍存在。在国际比较中，总体而言上海相对于纽约、伦敦、新加坡、巴黎、东京等国际主要城市的评价得分偏低，数据反映出禁止著作权网络侵权、知识产权监管执法力度、知识产权商业化中的登记许可和信息披露等方面有待加强。知识产权保护领域主要的问题是申请阶段效率偏低，获得专利后质押融资难，及专利、商标侵权执法。城市核心竞争力的重要支撑是知识产权，知识产权工作水平可以体现出一个城市的治理现代化能力，上海要打造知识产权保护高地，需要进一步加强高水平知识产权保护和服务。

第五节　企业成本

一、商务成本

商务成本主要包括劳动力、土地（住房）、资本等要素使用成本以及水、电、气等资源使用成本。商务成本越高，企业经营负担越重，城市的营商环境竞争力越差，有效降低商务成本是营造国际一流营商环境的重要举措。

尽管与纽约、伦敦、巴黎等国际主要城市相比，上海的用地成本处于中等水平，人力成本偏低，但若综合考虑城市的经济发展、收入水平等，企业在上海营商的生产要素成本中，用地成本和人力成本最为突出。以跨国公司为例，调研中，80.09%的跨国公司感受到人力成本极大或较大，70.35%的跨国公司感到用地成本高，同时，大部分企业认为目前资金成本较高，水电成本的压力较小。受访的物流公司、广告公司、律所和会计师事务所普遍感到企业经营成本较高，其中，人力成本和用地成本对企业造成的负担最重。[1]

二、税费负担

从企业税负来看，上海的企业税费负担较重。根据世界银行《2020年营商环境报告》数据，在上海，企业纳税次数为7次、纳税时间为138小时、税及派款总额占利润的63%，而香港的税及派款

---

[1]　鲍晓晔：《在更大范围和更宽领域进一步优化上海营商环境》，《科学发展》2020年第8期。

总额仅占利润的 22%，不到上海的二分之一。与之相比，在上海开办企业面临的税收负担仍然较重，在纳税次数、纳税时间、税率及报税后程序这些方面上海都有继续改进的空间。税收负担过重会导致企业的随意性。不太正规的企业想方设法逃税，所以比正规纳税的企业运营成本要小，即使生产效率低还是能够继续在市场中存活。长此以往，非正规企业将挤出正规企业，从而使整个市场的生产效率降低。

为降低企业税费负担，增强企业活力，国家实施了结构性减税政策，尤其对重点扶持的高新技术企业实施税收优惠和补贴，对高新技术企业降低成本的作用较大。调研中，超过半数的受访企业对于政策优惠对降低成本的作用给予了肯定。但是，约有半数的受访企业在既享受财政补贴或税收优惠的情况下，仍然感到税收负担一般，约有四分之一的企业有较大或极大的税收负担。与高新技术企业相比，民营中小企业的税收优惠政策效果不够显著。享受税收优惠政策的企业税收负担程度与未享受税收优惠政策的企业相差不大。说明民营中小企业对税收减免政策获得感一般。[1]

第六节　人才环境

一、人才引进和人才政策

上海要建设卓越的全球城市、具有国际影响力的社会主义现代化

[1] 鲍晓晔：《在更大范围和更宽领域进一步优化上海营商环境》，《科学发展》2020 年第 8 期。

大都市，必须吸引和留住国内外优秀人才。浦东作为高水平改革开放打造社会主义现代化建设引领区，更离不开人才。

国际比较显示，上海的人口总量较大，劳动力较充裕，但仍缺乏高端人才。如高端人才储备上，上海的受高等教育人数仍有提升空间。与纽约、伦敦、新加坡、巴黎等国际大都市相比，上海的生活成本相对较低，但购买力（收入）也偏低，影响了对国际化高端人才的吸引力。外籍人才引进的一些限制也影响力人才跨境流动。因此，目前上海的高级管理人才数量仍偏少。[1]

调研中，各类企业普遍反映人才政策还需优化，外商投资企业对人才素质（如技术人才、高级管理人才等）提出更高要求。上海要深入推进高水平制度型开放，提高国际合作和竞争新优势。其中一条重要举措是，建立全球高端人才引进"直通车"制度。因此，想要打造具有全球影响力的集成电路、生物医药、人工智能高地，离不开更加开放、更加便利的人才引进政策，并且通过人才引进提升人才素质。

二、交通拥堵和职住分离

城市通勤成为上班族的一大痛点，也影响着城市的营商环境。目前，上海与其他国际主要城市相比，城市内部交通通勤效率仍偏低、通勤时间长、通勤成本偏高。根据Numbeo2023年的调研数据，上海

---

[1]　鲍晓晔：《在更大范围和更宽领域进一步优化上海营商环境》，《科学发展》2020年第8期。

的平均通勤时间需要花费 47.2 分钟，通勤时间偏长。

　　主要原因是职住分离和交通低效。国际化大城市吸引着各类人才，但市中心的高房价又让年轻人望而却步，只能选择居住在核心区以外的郊区，导致职住分散。随着城市化和交通工具的不断发展，居住地和工作地分离的现象愈加显著。"职住分离"现象意味着通勤距离和通勤时间增长。根据 Numbeo2023 年的数据显示，上海的通勤距离在八座国际主要城市中第二远。漫长的通勤时间消磨着年轻人的意志，不利于人才成长。另一方面，上海在 Numbeo2023 年的交通低效指数上，在八座国际主要城市里得分最高[1]。可见，通勤距离远和通勤效率偏低影响了上海居民的通勤时间和通勤效率。

---

[1] 效率越低，得分越高。

第六章
全面深化上海国际一流营商环境建设的对策建议

　　针对上海建设国际一流营商环境的重点领域，本书从进一步便利行政审批和提升政府服务水平、法治保障上海营商环境持续优化、持续扩大开放、营造包容审慎监管、市场公平竞争的营商环境、加强基础设施建设、降低企业成本，从人才需求出发为企业培育和集聚人才等方面提出相关对策建议，助力上海营商环境迈向更高水平。

第一节　进一步便利行政审批和提升政府服务水平

一、推进"一网通办"，从用户需求出发改善电子政务

　　"一网通办"是上海深化"放管服"改革、优化营商环境的重要工作抓手。上海全面推进"一网通办"以来，绝大多数市场主体

已知晓网上办事渠道，越来越多的企业和市民选择通过"一网通办"办事。截至 2023 年 3 月底，"一网通办"平台的实名注册个人用户超过 7968.93 万，法人用户超过 311.06 万，接入事项 3622 项，累计办件量达 3.36 亿件。[1] 网络技术手段在实际使用过程中，需不断完善改进，提升用户体验、提高用户黏性。用户网上办理行政审批和行政管理程序的行为习惯，需要通过更好的服务和各种技术手段去培养。要从使用者的体验感受出发，继续推进"一网通办"建设，使企业切实感受到网上政务的便利，具体可行的方式方法有：

利用网站和应用程序后台的大数据对网上申请各环节进行统计分析，并对申请人开展问卷调研，优化网站设计。

利用"互联网 +"、大数据及人工智能等新技术，缓解人力资源局限问题，提升政务服务管理效能和服务水平。

在现场办理大厅开展网上办理指导，在申请提交文件的网站及应用程序中，添加如何使用网上办理程序的视频教程，提高办事成功率。

根据调研中企业对跨境贸易程序便利化的诉求，继续扩大推广"一网通办"应用场景，推动跨部门一次性联合检查，使单证办理方式电子化，将所需查验信息及时告知企业，减少查验作业准备时间，提高查验作业效率。

---

[1]《上海"一网通办"用户已超八千万，累计办件量达 3.36 亿件》，载澎湃新闻网，2023 年 5 月 11 日。

二、积极探索"一业一证"创新改革，实行行业综合许可"单轨制"改革

浦东新区"一业一证"改革 31 个试点行业已全部落地，试点涉及的区级权力事项基本也已实现全覆盖，并向上海市其他区推广施行。下一步，要着力完善行业综合许可制度，通过"六个一"——"一帽牵头""一键导航""一单告知""一表申请""一标核准""一证准营"再造"以企业为中心"的审批服务流程。根据 2021 年 9 月上海市人大常委会通过的《上海市浦东新区深化"一业一证"改革规定》，浦东新区需积极实行行业综合许可'单轨制'改革和建立行业综合许可证统一有效期制度，从"企业侧"出发，精简审批程序，拆除市场准入"隐形门"。

促进"一业一证"综合许可办理标准化、规范化、智能化。积极梳理与市场准入审批事项相关联的目录清单，建立行业综合许可受理、审查、审批三个环节的标准体系，推行"互联网＋政务服务"，对标准化、规范化程度较高的高频审批事项，采用无人干预自动审批，实现许可"秒批"和"无差别办理"，消除市场准入"旋转门"。

三、加强系统集成协同创新，提升改革的实际效果

加强改革系统集成，深化、细化、系统化各领域改革，提升企业感受度。从法治保障角度看，一是聚焦系统集成性改革，突出各项政策法规的无缝衔接、功能互补、标准一致。二是要从事物发展的全过程、产业发展的全链条、企业发展的全生命周期出发来谋划设计改革。三是更加注重改革的系统性、整体性、协同性，以系统集成思维

谋划创新举措，推进跨层级联动、跨部门协同、跨事权集成改革。把着力点放到加强系统集成、协同高效来解决重大制度创新联动和衔接配套不够、改革的碎片化等问题，放大改革综合效应。

在线上服务系统集成上，建议从"高频事项无人干预自动审批"和"企业专属网页"两项满意度偏低指标入手。一是要实现高频事项"无人干预自动审批"，要求加快推进信息资源库建设，实现数据的标准化、结构化，并实现跨层级、跨区域、跨系统、跨部门、跨业务的共享应用。二是针对企业专属网页，实质上要在各类政策、数据信息、审批证明系统集成的基础上，再根据企业需求构建的个性化信息空间。按照上海市关于"两页"建设的统一部署，完善企业专属网页功能，依托人工智能分析知识图谱建设、个性政策标签等技术手段，从企业规模、发展阶段、行业类别等维度建立企业专属画像，实现"一企一档"。

在线下综合服务系统集成上，优化提升政务服务大厅"一站式"的功能，主动积极完善"前台综合受理、后台分类审批、综合窗口出件"工作模式，实现从人工智能辅助后台审批，到人工智能走向前台，推进综合窗口集成服务、"一窗通办"。

四、采取各种有效措施宣传上海的政策变化，提升企业获得感

广泛开展各种有效的宣传，提高营商主体对政策的感知度。包括《上海市新一轮服务业扩大开放若干措施》在内的一系列政策变化，正在推进上海服务业向更宽领域、更深层次扩大开放。在这个过程中，营商主体迅速感知政策变化是极其重要的。为此，可以采取以下措施：

新的扩大开放和优化营商环境的政策文件连续出台，应及时在政策下载平台中更新政策文件，并整理和解释政策与政策之间的关系。

运用传统媒体和新媒体技术，让企业迅速了解政策变化，比如政府直接入驻覆盖率高的应用程序，进行政策解读及问题回答，帮助市民和企业了解政策变化。

采取各种措施广泛宣传，让世界了解日益开放的上海，如在国际知名媒体进行广告宣传、前往跨国公司总部宣传、制作面向国际的宣传片等。

五、通过申请人教育，提升完成行政程序的能力

营商环境便利程度的改善，不仅仅意味着从提交申请文件到发证的期间缩短了，更是让申请人（企业）感受到开办和经营企业的行政程序更便利、成本降低了。营商环境的改革政策得以有效实施，需要使企业对政策红利有充分的获得感。[1] 比如在申请网站中，提供常见问题说明和案例分析。

由于政府自身人力物力资源的有限性，可以借助社会中介组织的力量。可利用企业服务云、行业协会、商会、同业工会等，有针对性地对企业中的营商人士提供相关政策宣讲和培训，发挥中介机构在事先审批阶段的服务功能；对不符合申请条件的申请人提供具体的修改建议。

---

[1]　鲍晓晔、刘江会、黄国妍：《上海进一步优化营商环境的思考——基于〈世界银行营商环境评价报告〉》，《上海商业》2019 年第 1 期。

第二节　法治保障上海营商环境持续优化

法治是上海具有比较优势的城市核心竞争力，在营商环境法治保障领域，上海也应走在全国前列。上海市出台了一系列推进营商环境建设的地方立法和规范性文件。从国际比较和企业调研反映看出，上海的营商环境不断优化提升，但与最高标准、最佳水平相比，还有优化和提升空间。

一、法治保障上海营商环境持续优化的路径

习近平总书记在主持中央全面依法治国委员会第二次会议时强调"法治是最好的营商环境"。这一论断深刻阐明了法治和营商环境的关系，为营商环境的优化指明了方向。法治是衡量营商环境优劣的关键指标，是改善营商环境的重要手段，也是营商环境的重要内容和保障。因此，要系统谋划、整体提升依法治市水平，强化立法、执法、司法、守法统筹兼顾、整体推进，使法治化营商环境成为上海全面提升城市软实力的一张闪亮名片。

稳定、公平、透明、可预期是优质营商环境的基本表征，也是法治化营商环境建设的价值取向。落地落实上海优化营商环境的法治保障，要求完善制度建设、规范监管执法和公正高效司法，营造公平透明、可预期的营商法治环境。[1]高质量立法能够保障和促进经济持

---

[1] 钱玉文：《我国法治化营商环境构建路径探析——以江苏省经验为研究样本》，《上海财经大学学报》2020年第3期。

续健康发展，建设守法诚信的法治政府能够保障不同市场主体得到公平对待，公正司法是保护民营企业家合法权益和正常经济活动的最后一道防线。因此，法治保障上海营商环境持续优化的路径需要从立法、执法和司法三方面出发，构建稳定、公平、透明、可预期的法治化营商环境。完善立法，在顶层设计上提供制度保障，规范执法，建设法治政府和诚信政府，公正司法，提高法院审判能力助推营商环境法治化（见图6-1）。

二、聚焦人工智能等领域立法，健全完善政务服务创新的配套制度

目前人工智能技术已在政府、企业间广泛使用，如政务系统中在线身份认证、高频事项无人干预自动审批等技术均涉及人工智能技术，而人工智能的负面风险（如算法风险、数据风险、社会风险等）亟待立法回应。上海要加快关键技术研发，打造自主创新新高地，聚焦人工智能等高新技术领域发展，立法是规范和保障人工智能产业发展的关键法治路径。

由于目前我国国家和地方层面尚未出台统一的人工智能立法，人工智能规则散见在部分法律及近年来发布的系列政策文件中。上海现有的人工智能规制政策文件则主要集中于产业发展、细分场景及试验区建设等方面，在《上海市数据条例》中也有部分条款涉及，但仍零散、不够完善。上海市立法机构应把握时机、先行先试，加快人工智能领域的地方立法。

此外，在电子印章管理、政府服务中心建设和运行等方面的立法

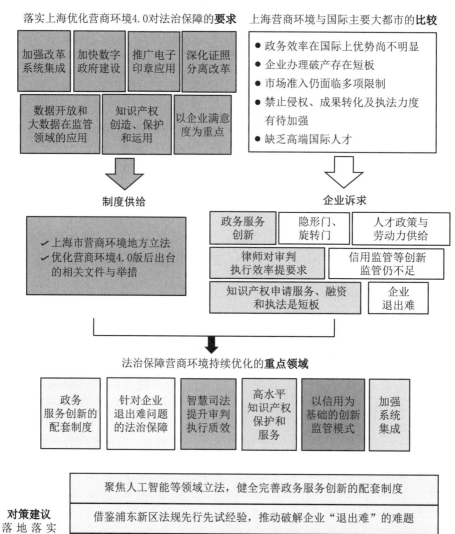

落实上海优化营商环境4.0对法治保障的**要求**　　上海营商环境与国际主要大都市的**比较**

| 加强改革系统集成 | 加快数字政府建设 | 推广电子印章应用 | 深化证照分离改革 |

| 数据开放和大数据在监管领域的应用 | 知识产权创造、保护和运用 | 以企业满意度为重点 |

- 政务效率在国际上优势尚不明显
- 企业办理破产存在短板
- 市场准入仍面临多项限制
- 禁止侵权、成果转化及执法力度有待加强
- 缺乏高端国际人才

制度供给　　　　　　　　　　　　　　**企业诉求**

✓ 上海市营商环境地方立法
✓ 优化营商环境4.0版后出台的相关文件与举措

政务服务创新	隐形门、旋转门	人才政策与劳动力供给
律师对审判执行效率提要求	信用监管等创新监管仍不足
知识产权申请服务、融资和执法是短板	企业退出难

法治保障营商环境持续优化的**重点领域**

| 政务服务创新的配套制度 | 针对企业退出难问题的法治保障 | 智慧司法提升审判执行质效 | 高水平知识产权保护和服务 | 以信用为基础的创新监管模式 | 加强系统集成 |

对策建议
落地落实上海优化营商环境4.0的法治保障，要求完善制度建设、规范监管执法和公正高效司法

| 聚焦人工智能等领域立法，健全完善政务服务创新的配套制度 |
| 借鉴浦东新区法规先行先试经验，推动破解企业"退出难"的难题 |
| 深化智慧司法建设，提升审判执行质效 |
| 扩大专利申请快速通道、加大执法惩戒力度、优化知识产权质押融资模式等 |
| 信用为基础的数字化综合监管创新 |
| 从线上服务集成、线下综合服务集成、行政和司法衔接等方面加强系统集成，提升改革实际效果 |
| 积极落实新修订《上海市优化营商环境条例》和营商环境领域的浦东新区法规 |

图6-1　法治保障上海营商环境持续优化的路径图

修订也应及时公开公布，为提升政务效率和优化政府服务提供法律依据和制度保障。

三、借鉴浦东先行先试经验，推动破解企业"退出难"的难题

2020 年 11 月，习近平总书记在浦东开发开放 30 周年庆祝大会上发表重要讲话，要求浦东勇于挑最重的担子、啃最硬的骨头，努力成为更高水平改革开放的开路先锋。"浦东要在改革系统集成协同高效上率先试、出经验。要探索开展综合性改革试点，统筹推进重要领域和关键环节改革，从事物发展的全过程、产业发展的全链条、企业发展的全生命周期出发来谋划设计改革，加强重大制度创新充分联动和衔接配套，放大改革综合效应，打造市场化、法治化、国际化的一流营商环境。"2021 年 7 月 15 日，中共中央、国务院正式印发了《关于支持浦东新区高水平改革开放打造社会主义现代化建设引领区的意见》，提出七方面重大举措。

浦东新区打造社会主义现代化引领区，先行先试着力破解市场主体退出难题，已先后出台两部地方法规，即《上海市浦东新区市场主体退出若干规定》（简称《退出规定》）和《上海市浦东新区完善市场化法治化企业破产制度若干规定》（简称《破产规定》），推动低效无效市场主体退出。在积极落实《退出规定》和《破产规定》的同时，上海可吸收借鉴浦东先行先试经验，逐步拓展适用范围和领域，畅通市场主体退出渠道，降低市场主体退出成本，完善优胜劣汰的市场机制，实现企业退出的制度化、规范化和便利化。

在简易注销方面，全面实施简易注销，针对各类市场主体，坚持差异化简易注销程序，优化市场主体登记流程，压缩登记环节，精简申请材料，提升登记便利化程度，降低制度性成本从而减轻企业负担。积极实施新创立的承诺制注销登记，帮助因历史遗留问题无法注销的"僵尸企业"打通注销渠道。同时，需要不断完善强制除名和强制注销制度，通过法制的方式，引导或强制低效无效市场主体依法有序地退出市场，优化市场资源配置，促进市场主体进行产业升级。

通过专属管辖和对破产管理人扩容、分级等做法，着力解决破产案件"案多人少"难题。在法院破产案件立案和管辖方面，除在浦东新区法院内新设破产审判庭，对浦东企业破产案件实行集中专属管辖之外，上海破产法庭，实现"应立尽立"。同时，建议充实和加大建设破产审判专业队伍，缓解破产法庭"案多人少"矛盾。在新一轮破产管理人扩容的基础上，根据《上海市破产管理人分级管理办法（试行）》以不同类型破产案件对管理人的需求为导向分级评定。

通过破产案件和重整程序的繁简分流和简易程序等制度创新，加快破产案件的结案速度。借鉴《破产条例》小型企业破产重整的量化标准，将符合条件的破产案件纳入快速审理范围，打造简易破产案件的"快车道"。[1]通过并联破产事项、简化审理流程等措施，提升破产审判质效，降低破产程序的时间成本，提升法院在破产案件快速审理方面的效果。

---

[1] 茆荣华:《上海市高级人民法院关于加强司法保障优化营商环境情况的报告——2019年11月15日在上海市第十五届人民代表大会常务委员会第十五次会议上》,《上海市人民代表大会常务委员会公报》2019年第7期。

健全企业破产"府院联动"工作协调机制，明确以政府和法院共同牵头，相关部门参加的府院协调机制。同时明确政府公共服务和保障职能，法院破产审批专业化建设的要求。针对破产案件财产处置联动，构建破解破产财产查控、解封、处置难题的完整体系。包括完善破产财产快速查控机制；破产管理人对于破产财产可以"先处置、后解封"；设定建设工程和车辆等财产处置的特殊规则，促进破产财产依法及时处置。[1]

针对破产信息查询和破产流程，推动建立破产信息公示和信用修复制度。具体包括破产财产快速查控系统、破产信息共享公示、破产重整企业信用修复机制（如可通过"一网通办"平台申请）等。

四、深化智慧司法建设，提升审判执行质效

市场主体对司法环境的评价往往最先产生于对司法过程的感知，而司法过程的法治化主要取决于司法程序的公正性及其运行的有效性，即审判质效。[2]市场运行的高效性本身内含了对司法效率的追求。因此，要持续探索司法过程与市场效率的相互对接，通过缩短民商事案件在立案、审查、审理、调解、判决、执行等环节的时间，有效提高司法服务和司法救济的质效，快速为市场定纷止争、维护市场运行秩序，同时降低司法成本和减少资源浪费。

"执行合同"是世界银行营商环境评价指标之一，也是上海的

---

［1］　王晓晨：《破除要素壁垒　让企业破产不再难》，《上海人大月刊》2021 年第 12 期。

［2］　石佑启、陈可翔：《法治化营商环境建设的司法进路》，《中外法学》2020 年第 3 期。

优势项目，上海应继续对标最高标准、最佳水平，加强对立案、审理、执行全流程的精细化管理，深化智慧司法建设，提升审判执行效率。[1]从程序来看，智慧司法可以促进司法过程的效率、公开以及规范化，有助于破解"案多人少"的司法治理难题；从实体来看，智慧司法有助于实现大数据整合下的判例参考，实现"类案类判"的司法裁判常态。[2]

第一，完善全流程网上办案体系，对网上办案进行全覆盖、体系化、流程化的规范指导，推进线上线下审理模式科学融合，推进全市法院信息化系统整合提升，让信息化系统真正"好用""管用"。

第二，大力推进网上立案工作，畅通重点类型案件网上立案通道，对买卖合同、金融借款合同和委托合同等商事案件实行以网上立案为主、线下立案为辅的立案模式。

第三，推进随机自动分案系统与繁简分流、审判团队改革、审判专业化建设有机融合。并继续探索科学化和系统化繁简分流制度，在简化和提速的同时更注重科学和公平，缓解"案多人少"的难题。

第四，推进智慧执行建设。将财产查封、控制、处置各环节的办案时限嵌入审判管理系统，强化超期预警和提示，强化对执行全流程的时限管理。进一步完善确定财产处置参考价方式，用好当事人议价、定向询价、网络询价，全面提升确定财产处置参考价的效率，进一步降低执行成本。

---

[1] 上海市人大监察和司法委员会：《关于本市加强司法保障优化营商环境情况的调研报告》，《上海市人民代表大会常务委员会公报》2019 年第 7 期。

[2] 石佑启、陈可翔：《法治化营商环境建设的司法进路》，《中外法学》2020 年第 3 期。

五、积极落实《上海市优化营商环境条例》和营商环境领域的浦东新区法规

上海打造国际一流营商环境要做到立法先行，落实同样重要。上海市人大常委会对《上海市优化营商环境条例》进行了修改，已于2021年10月28日通过并施行。同时，市人大常委会根据全国人大授权，制定出台浦东新区法规如下：《上海市浦东新区深化"一业一证"改革规定》《上海市浦东新区市场主体退出若干规定》《上海市浦东新区建立高水平知识产权保护制度若干规定》《上海市浦东新区城市管理领域非现场执法规定》《上海市浦东新区完善市场化法治化企业破产制度若干规定》。上述法规均直接涉及营商环境领域。上海市已制定出台多项地方立法助力优化营商环境，下一步应积极落实。

六、加强建设优化营商环境法治保障共同体，实现营商"法治"和"善治"

法治是城市营商环境治理达到"善治"的前提基础。实践证明，用法治方法和手段去解决城市治理的问题，行政成本最低、社会风险最小、复发后遗症最少。[1]2019年4月，上海率先成立了全国首个优化营商环境法治保障共同体，旨在推动各方形成合力，聚焦政策制度强化系统研究，增进政府和市场的有效沟通。[2]

---

[1] 朱未易：《论城市治理法治的价值塑型与完善路径》，《政治与法律》2015年第2期。

[2] 陈海燕：《南通进一步优化法治化营商环境研究》，《中共伊犁州委党校学报》2022年第2期。

营商环境的制度体系中，有一些涉及对《公司法》《担保法》《物权法》《破产法》等法律的修改，需要更高层面的顶层设计来推动改革。可利用上海市优化营商环境法治保障共同体组织法学专家、实务界开展研究和调研，梳理现有立法和上海经验，向上级立法部门提出修改立法的建议。[1]

积极发挥市场主体在优化营商法治环境方面的重要作用。推动律师事务所在公司债务纠纷、企业运营的法律风险、股东权益保护、公司重组、破产、清算、知识产权保护、劳动争议解决方面，为企业提供法律服务，为改善营商法治环境发挥更为重要作用。

第三节　持续扩大开放使上海继续成为全球外商投资首选之地

根据"扩大开放 100 条"行动方案，上海加快建立开放型经济新体制，进一步放宽金融业、服务业、先进制造业等产业市场准入，通过政策正向激励引导对营商环境优化的重点领域实施治理，使上海继续成为全球外商投资的首选地之一。

一、进一步缩减现代服务业的负面清单，提升上海对全球资源的吸引力

2013 年以来，上海自贸区和自贸区临港新片区相继挂牌成立。十

---

[1] 鲍晓晔、刘江会、黄国妍：《上海进一步优化营商环境的思考——基于〈世界银行营商环境评价报告〉》，《上海商业》2019 年第 1 期。

年来，自贸区形成了一批先行先试的开放制度创新成果，成为高水平开放的先导力量。2013 年上海自贸区试运行第一张外商投资准入负面清单，迈出了外资准入前国民待遇加负面清单管理模式第一步。经过 7 次缩减，自贸区负面清单的条目已由最初的 190 项缩减到现在的 27 项，比区外少了 4 条，制造业条目已经归零。其中，上海自贸区内服务业外商投资准入禁止（或限制）仍有 22 条，比区外仅少了"禁止投资社会调查"这一条。比照纽约和伦敦，对外商投资都采用国民待遇原则。英国在所有产业上遵循国内外无差别待遇，外商在法律上与英国公司享有同等待遇。美国在服务业开放程度也很高，美国对外国投资者的限制主要集中于国家安全领域，如航空、通信、能源、矿产、渔业、水电等。接下来，上海仍需持续不断扩大开放领域，加强开放力度，注重高水平开放，并从市场开放转向制度型开放。

进一步取消上海自贸区投资医疗机构的外资比例限制。目前，在自贸区内外的负面清单中，医疗机构都仅限于合资。但实践中，早在 2015 年就已在上海自贸区批准设立了首家外商独资医疗机构（上海永远幸妇科医院）。从经营角度，兴办医疗机构已允许外资绝对控股，外资是否一定要完全独资，未必是投资人首要考虑因素，但取消外资限制可以改变目前的规则与实际不一致的局面，并且在政策导向上具有重要性。

二、扩大资本市场开放，健全外企在沪融资规则，完善境外投资者在沪投资的风险管理工具

上海的资本市场国际化程度有待提高。现实情况是外资企业在

上海证券交易所融资虽无法律限制，但数量却很少。而外国企业在上海发行股票并上市更是存有法律障碍。对比纽约和伦敦，资本市场的国际化水平都很高。根据世界交易所联合会（World Federal of Exchanges）的统计数据，2022 年美国纽交所的外国上市公司数占所有上市公司总数的 24.41%，纳斯达克的外国上市公司数占 23.45%；伦敦证交所的外国上市公司数占 16.96%；新加坡交易所的外国上市公司比重更高，达到了 34.72%。

利用上海自贸区新片区建设及科创板开市的契机，提升外企尤其是外资科技企业在上海 IPO 上市的数量。具体分三步：一是鼓励外资科技企业在上海自贸区设立；二是支持更多科技企业在科创板上市；三是研究外国企业上市制度，为《证券法》修订提出立法建议。

向境外投资者开放金融期货产品。上期所、中金所被中国证监会批准成为合格中央对手方的基础上，继原油期货、铁矿石和 PTA 期货后，应进一步研究开放境外投资者入场交易的产品范围。根据"金融开放 11 条"，将整合不同开放渠道政策要求，打通债券和资金账户，便利境外机构投资者投资银行间债券市场。因此，伴随境外机构投资债券市场的便利化，将产生利率风险对冲的需求，应研究并逐步向境外投资者开放利率类期货品种。

三、通过进一步完善 FT 账户本外币一体化功能，便利资金跨境流动

目前对外企资金汇入汇出仍受限。如，合营企业的资金转出范围

限定为履行义务后的净利润与合营期满终止后分得的资金，且需合营企业合同规定的货币。《外商投资法》已准许，外国投资者依法以人民币或外汇自由汇入汇出资金，但目前尚无实施细则。对比纽约和伦敦，在外汇政策及资金汇入汇出上，对外国投资者尤为宽松。在伦敦投资无汇兑管制，且对公司利润汇出也无限制。美国纽约对非公民的利润、费用等汇出没有限制。

应进一步扩大 FT 账户与境内账户划转的币种范围，拓展非指定币种汇入经常项目结算账户的存款功能。

通过申报制，将 FT 账户推广至上海市与长三角地区有需要的、符合要求的企业。尤其针对人民币跨境融资业务，逐渐将 FT 账户主体范围拓展至长三角的区外境内机构，助推长三角金融一体化发展。参考美国自贸普通区与附属特别区的做法，对有需要且符合要求的区外企业采取申报制，一事一议。

第四节　营造包容审慎监管、市场公平竞争的营商环境

一、积极探索包容审慎监管，构建激励相容的监管执法

监管适度、竞争有序的市场经济本身就是优胜劣汰的竞技场。政府对市场的公共管理权力应有边界，这一边界应在法律法规中明确设定。通过政府部门权力清单制度，建立政府"法无授权不可为"的理念。

　　信用体系在外部约束治理、构建包容审慎监管机制上至关重要。应加强事先告知承诺、事中评估分类、事后联动奖惩（"三清单""三阶段"全过程信用管理模式），促进政府职能转变，营造宽严有序的市场监督环境。通过法律法规及其配套政策措施，推进上海市社会信用体系建设，使"诚信"成为上海营商环境的一张名片。

二、以信用为基础的数字化综合监管创新

　　一是建立与"一业一证"改革相适应的行业综合监管制度和政务信息共享机制。建立并深化与行业综合许可相适应的行业综合监管制度，加强事中事后监管的细则。积极编制行业监管主管部门、监管制度、协同部门、支撑数据和智能化需求"五张清单"，明确各部门职责，加强监管协作。同时，加快建设信息系统，对市场主体的许可、年报、处罚、信用、电子证照、电子印章等信息归集，及时、准确共享有关部门，强化信息共享，探索建立信息共享、协同高效的证照监管制度。真正落实"数据多跑路、群众少跑腿"，不得要求市场主体重复填报。

　　二是要建立以信用体系为基础的智慧监管模式。依托"一网统管"平台，通过"双告知、双反馈、双跟踪"证照衔接机制和"双随机、双评估、双公示"协同监管机制，实行对市场主体全生命周期的动态监管、风险监管、信用监管和分类监管。借鉴浦东新区非现场执法的新规，运用现代信息技术手段收集、固定违法事实，采用信息化等方式进行违法行为告知、调查取证、文书送达、罚款收缴等的执法

方式。[1]应用物联网、大数据、人工智能等技术，对不同主体的风险等级和信用状况，实行分类监管。

三、加快提升知识产权执法和知识产权商业化水平

目前，我国已建立了综合执法和知识产权侵权惩罚性赔偿制度。根据新修订的《商标法》，恶意侵犯商标专用权的行为，最高赔偿额提高到了五倍，在国际上达到较高水平。针对国际比较和调研中反映的知识产权执法、知识产权商业化等仍有欠缺，应从以下方面切实加强对现有法律法规的执行和落实：

完善对知识产权（专利）领域严重失信行为的联合惩戒机制。上海市应严格实施联合惩戒备忘录，统计并研究该相关政策和数据，并配合完善全国信用信息共享平台知识产权局子平台。

加速形成国际知识产权保护执法和司法的体系。严打知识产权犯罪行为、加强知识产权行政执法、加强海关知识产权执法。同时，形成人民法院与知识产权调解组织、知识产权仲裁机构协作配合的知识产权争议纠纷化解机制。

我国的知识产权一直存在数量增长快但科技成果转化率不高的特点。应及时了解市场对于创新科技的需求能够更好地把握科学研究方向，使得科学研究和市场无缝衔接。

通过合理且合适的政策，促进知识产权商业化。缺少政策激励，知识产权不能得到充分地保护，导致创新型人才失去对知识产权研发

---

[1]　王海燕：《浦东新区法规创新知产"快保护"》，《解放日报》2021年10月29日。

的兴趣。借鉴纽约的成功经验，无论是联邦政府还是州政府都提供了研发的税收优惠，另外还允许公司申请 14%—20% 的税收抵免。同时许多州提供额外的税收抵免。

四、高水平知识产权保护和服务，着力推进知识产权强市建设

　　根据上海《关于强化知识产权保护的实施方案》要求，到 2025 年，上海将基本建成制度完备、体系健全、环境优越的国际知识产权保护高地。实现上述目标，上海需开展知识产权领域综合管理改革，强化知识产权全链条保护、加快推进知识产权领域的制度型开放，以法治引领创新，提高知识产权法治化水平。[1]

　　针对专利申请周期长的问题，建议扩大应用专利申请快速通道模式。进一步发挥中国（上海）知识产权保护中心"快速审查与确权、快速维权、协作保护、导航与运营、人才培养"的五大核心功能，形成"全产业""全类别""全链条"的国家级"大保护、快保护"平台。借鉴《上海市浦东新区建立高水平知识产权保护制度若干规定》，重点产业企业（如生物医药、高端装备制造、新一代信息技术等）的专利申请提供预审、快速审查、快速确权、快速维权的"一站式"服务，进一步提升市场主体满意度和感受度。

　　针对知识产权执法惩戒力度不够的问题，加大经济处罚额度、联合信用惩戒。提升知识产权侵权的处罚额度，对侵犯知识产权的企业

---

[1]　黄灵：《公益诉讼：护航"引领区"知识产权保护机制》，《检察风云》2022 年第 3 期。

和个人产生震慑。健全知识产权失信联合惩戒机制。依法将符合条件的知识产权侵权、假冒案件信息纳入公共信用信息平台。对于存在严重失信行为的市场主体，在监管频次、政府采购、财政资金支持等方面依法予以限制。

针对知识产权质押融资难问题，鼓励金融机构优化知识产权质押融资模式，建立融资担保风险分担机制，加大对中小企业、科技创新企业、文化创意企业的增信服务力度。鼓励企业以高价值知识产权组合为基础，构建底层知识产权资产，在能产生稳定现金流的前提下探索知识产权证券化模式。

第五节　加强基础设施建设、降低企业成本

一、进一步完善交通和通信基础设施，提升企业联通全球效率

在交通运输上，一方面，加强上海市内交通基础设施建设，缓解道路拥堵，改善交通安全质量，提高职工通勤效率及快递外卖等物流效率，降低交通和运输成本。另一方面，进一步增加上海浦东国际机场和虹桥国际机场的航线数量，提升上海机场联通性指标排名，助力上海营商环境优化建设。

在网络通信上，增加无线网点，扩大无线网覆盖面，提高信号质量。同时，面向工业场景加快部署5G专网、千兆光网、算力平台等，实现重点工业企业和园区"双千兆"网络全覆盖，改善企业通

信联通性。加快 5G 融合创新，推动"5G+"制造、金融、交通、医疗、教育等新领域发展，提升居民的生活质量，助力产业升级。

二、拓宽企业融资多元化渠道，降低融资成本

针对融资渠道多样化不足、融资成本高、信用审查过严等问题，政府可采取以下措施：

通过加大对小微企业、民营企业的融资支持力度，对有市场、有效益、有回款但是资金周转暂时困难的企业，给予贷款贴息、担保费率补贴等扶持。

加快信用担保体系制度创新，鼓励建立和发展社会信用调查评估等中介机构。推进中小微企业信用体系建设，通过银证共建中小微企业信用体系、积极搭建中小企业信息共享平台、建立守信联合激励和失信联合惩戒机制、建立贷款风险补偿机制、探索"信贷＋信用"小微企业普惠金融模式试点等举措。

继续推行"科技贷""科技保"业务，主要利用自主知识产权和股权等无形资产以非变现质押方式给予贷款，从而解决轻资产科技型中小企业融资难题。

三、优化税收优惠政策，降低企业负担

在本书调研中，部分高新技术企业在既享受财政补贴又享受税收优惠的情况下，依旧感到有一定税收负担。这一现象在民营中小企业中更为突出。通过对是否享受税收优惠政策和企业税收负担程度的交

叉表分析，享受税收优惠政策对民营中小企业的税收负担程度有一些帮助，但并不显著。

从政府方面，需要考虑的就是财政补贴有没有帮助到有需要的企业，以及所有的高新技术企业都是否享受到了应有的税收优惠，并且通过深入全面的调研，优化税收优惠和财政补贴政策，更有效地降低企业税务负担。

四、提升楼宇容积率，降低用地成本

国际大都市原本靠资源、靠土地等获得 GDP 的传统粗放型的竞争模式已经发生了改变，取而代之的是高端性、高集聚性的"楼宇经济"。高容积率并不代表人口稠密，宜居性差。如美国纽约的曼哈顿区、中国香港的本岛地区人口密度和容积率都非常高，但只要基础设施配套跟上，可以做到密而不挤。

实际上，在上海也往往是容积率很高的地区（如南京西路、淮海路、徐家汇、陆家嘴等），基础设施完备，商业经济发达。[1] 在国际化大都市，企业、人才、资源都向中央商业区集聚，土地资源稀缺，因此，租金昂贵。提升容积率，有利于企业降低用地成本。目前，上海市中央商业区仍存在一些容积率和土地利用率较低的区域（楼宇），应当对这些区域进行二次规划。技术管理规则方面，上海市对于市中心商业用地的容积率限制比较严格，建议根据区域功能和经济商法发

---

[1] 鲍晓晔：《在更大范围和更宽领域进一步优化上海营商环境》，《科学发展》2020 年第 8 期。

展程度适当放宽。

第六节　从人才需求出发为企业培育和集聚人才

一、完善公共交通设施和城市规划，提升通勤效率

城市通勤也影响着城市的营商环境。目前，上海与国际主要城市相比，城市内部交通通行效率仍偏低。针对交通拥堵、通勤时间长、通勤成本偏高等问题，应采取以下措施：[1]

继续加强轨道交通基础设施建设，提升城市运能。地面交通拥堵是困扰许多大城市的难题，东京、纽约、伦敦、巴黎无一例外，但这些城市的平均通勤时间却都少于上海，如东京就比上海快五六分钟。重要原因就是其四通八达的地下轨道交通。截至 2022 年 9 月，上海已有 21 条轨道交通线路运营（包括 19 条地铁、1 条市域铁路、1 条磁悬浮），轨道交通网络规模达 831 公里[2]，是上海居民日常通勤的重要途径，但仍需加快建设。根据规划，上海城市轨道交通 2030 年线网总长度将达到约 1642 公里。

城市中心商业圈的二次规划，促进职住平衡，缩短通勤时间。上海的公共交通网络不断扩大，逐步实现线网结构优化，同时，上海通

［1］鲍晓晔：《在更大范围和更宽领域进一步优化上海营商环境》，《科学发展》2020 年
　　　第 8 期。
［2］《上海轨道交通网络规模达 831 公里　保持全球第一》，载央视网，2022 年 9 月 30 日。

勤圈范围也在扩大。"职住分离"现象意味着通勤距离和通勤时间增长。在城市中心商圈增加居住、生活、文化、教育等配套设施，使城市公共空间更加功能多元化。与此同时，在"职住平衡指数"已经纳入城市总体规划的背景下，上海需要切实采取各种措施，落实到各区县，完善规划，提高职住平衡。

完善治理快递外卖队伍，改善交通安全。上海有庞大的城市快递外卖队伍，但目前的道路并没有考虑快递这种货运形式的需要，造成安全隐患。上海应在线路、路段或路口，对其作出有针对性的规则设置，为这个群体标出清晰的独立路权和共享路权。更加注重有秩序地使用道路资源和公共设施，较少交通事故和交通拥堵。

二、提高收入水平，降低生活成本，改善落户与子女教育，提升上海对人才的吸引力

解决企业招工难，需从主要原因着手，针对调研中企业普遍反映的专业人才缺失、收入水平低、生活成本逐年上升，国内外城市排名指标比较分析中反映的收入水平和购买力偏低等问题，采取对应措施。

为专业技术人才提供更多的落户绿色通道。日前，在上海自贸区新片区新政中，对国内外人才引进推出了更加优惠的政策，如赋予人才引进重点机构推荐权、特殊人才直接申报权、国内人才引进直接落户和留学回国人员落户申批权、缩短了"居转户"年限等。建议将人才新政的适用范围拓宽至整个上海自贸区，同时，对于专业技术水平

高的特殊人才引进放宽学历要求。

关注居民住房需求，增强对人才的吸引力。高房价严重侵蚀居民购买力，上海需要采取有效措施如规划房屋租赁、继续建设人才公寓等解决居民住房需求，降低城市房价资金高成本对人才的挤出效应，释放居民购买力。

继续完善社会保障体制，解决居民"后顾之忧"，提高居民购买欲望。

居民收入水平提高的根本是经济发展水平的提高，要求上海继续以"经济建设"为中心，深化改革开放，提升经济发展效率，提高居民收入。[1]

三、加大教育投入，扩大教育产业开放，激发市场潜力

加大高等教育投入，加快建设世界一流大学，提升高等教育水平，吸引世界各地优秀学生，为上海经济发展提供人才供给。

增加科技投入占财政投入的比重，政府提高对科技创新型人才补贴，设立创业园和创新实验基地，完善科技创新的基础设施。

进一步扩大教育产业的市场开放，推动基础教育公平优质科学发展，缓解企业人才子女获得优质教育难的问题。在上海，部分人才由于落户和购房等限制，导致子女无法进入理想的中小学校。面对这部分人群的希望和需求，建议通过市场开放，利用市场力量和社会资本，让更多国内外优质教育资源落户上海，作为公办学校的有益

---

[1]　鲍晓晔：《在更大范围和更宽领域进一步优化上海营商环境》，《科学发展》2020年
　　　第8期。

补充。[1]

四、放宽外籍人才引进

　　建议适当放宽外籍人才引进的认定标准。由于外籍人才要获得 A 类高端人才，以及其他条件认定为 A 类且计点积分 85 分以上的认定难度非常大，大多数外籍人才都不属于鼓励引进的高端人才，因此，需依据具体外国人类型申请审批，对学历、工作经验和收入水平提供各类证明材料。在实践中，许多外国留学生在华求学毕业后，由于无法满足工作年限要求，而不能获得在上海工作的工作许可和工作签证，部分国家由于没有和我国签订协议，留学生也无法在上海实习实践，建议适当放开。在上海自贸区新片区最新实施的人才政策应当尽快推广至整个上海自贸区，并争取早日推广复制到全市范围甚至长三角地区其他省市。

---

[1]　鲍晓晔:《在更大范围和更宽领域进一步优化上海营商环境》,《科学发展》2020 年第 8 期。

参考文献

1.〔英〕约翰·梅纳德·凯恩斯:《就业、利息和货币通论》,高鸿业译,商务印书馆 1999 年版。

2.〔美〕詹姆斯·N. 罗西瑙:《没有政府的治理》,张胜军、刘小林等译,江西人民出版社 2001 年版。

3. 敬乂嘉:《"一网通办":新时代的城市治理创新》,上海人民出版社 2021 年版。

4. 李志军:《中国城市营商环境评价》,中国发展出版社 2019年版。

5. 倪鹏飞等:《中国城市竞争力报告》,中国社会科学出版社 2021 年版。

6. 上海市人民政府发展研究中心上海发展战略研究所:《全球城市营商环境评估研究》,格致出版社 2018 年版。

7. 余劲松:《国际投资法》,法律出版社 2007 年版。

8. 周振华、洪民荣:《全球城市案例研究》,格致出版社、上海人民出版社 2022 年版。

9.〔英〕鲍勃·杰索普:《治理的兴起及其失败的风险:以经济发展为例的论述》,漆芜译,《国际社会科学杂志》(中文版)1999年第 1 期。

10. 鲍晓晔:《在更大范围和更宽领域进一步优化上海营商环

境》,《科学发展》2020年第8期。

11. 鲍晓晔、刘江会、黄国妍:《上海进一步优化营商环境的思考——基于〈世界银行营商环境评价报告〉》,《上海商业》2019年第1期。

12. 毕青苗、陈希路、徐现祥、李书娟:《行政审批改革与企业进入》,《经济研究》2018年第2期。

13. 陈晓玲:《香港营商环境现状评价及经验借鉴》,《广东经济》2019年第5期。

14. 董志强、魏下海、汤灿晴:《制度软环境与经济发展——基于30个大城市营商环境的经验研究》,《管理世界》2012年第4期。

15. 龚柏华:《国际化和法治化视野下的上海自贸区营商环境建设》,《学术月刊》2014年第1期。

16. 江欣屏:《营商环境4.0,有何突破?》,《决策》2021年第8期。

17. 刘江会、黄国妍、鲍晓晔:《顶级"全球城市"营商环境的比较研究——基于SMILE指数的分析》,《学习与探索》2019年第8期。

18. 娄成武、张国勇:《治理视阈下的营商环境:内在逻辑与构建思路》,《辽宁大学学报》(哲学社会科学版)2018年第2期。

19. 罗培新:《世界银行营商环境评估方法论:以"开办企业"指标为视角》,《东方法学》2018年第6期。

20. 钱玉文:《我国法治化营商环境构建路径探析——以江苏省经验为研究样本》,《上海财经大学学报》2020年第3期。

21. 盛垒、洪娜、黄亮、张虹:《从资本驱动到创新驱动——纽约全球科创中心的崛起及对上海的启示》,《城市发展研究》2015年第10期。

22. 石佑启、陈可翔：《法治化营商环境建设的司法进路》，《中外法学》2020 年第 3 期。

23. 王敏：《营商环境——城市竞争力新指数》，《广西城镇建设》2017 年第 9 期。

24. 魏下海、董志强、张永璟：《营商制度环境为何如此重要？——来自民营企业家"内治外攘"的经验证据》，《经济科学》2015 年第 2 期。

25. 王克稳：《行政审批制度的改革与立法》，《政治与法律》2002 年第 2 期。

26. 夏后学、谭清美、白俊红：《营商环境、企业寻租与市场创新——来自中国企业营商环境调查的经验证据》，《经济研究》2019 年第 4 期。

27. 徐飞：《营商环境"优"无止境》，《北京观察》2023 年第 4 期。

28. 杨力、陈志成、羊米林：《政务服务改革新路径：上海"一网通办"案例研究》，《全球城市研究》（中英文）2022 年第 3 期。

29. 俞可平：《全球治理引论》，《马克思主义与现实》2002 年第 1 期。

30. 张波：《企业营商环境指标的国际比较及我国的对策》，《经济纵横》2006 年第 10 期。

31. 张三保、康璧成、张志学：《中国省份营商环境评价：指标体系与量化分析》，《经济管理》2020 年第 4 期。

32. 钟飞腾、凡帅帅：《投资环境评估、东亚发展与新自由主义的大衰退——以世界银行营商环境报告为例》，《当代亚太》2016 年第 6 期。

33. 卓泽林、张肖伟：《从金融中心转向科创中心：高等教育集群赋能城市转型发展——基于纽约市的探讨和分析》，《华东师范大学学报》（教育科学版）2023 年第 2 期。

34. 朱未易：《论城市治理法治的价值塑型与完善路径》，《政治与法律》2015 年第 2 期。

35. 粤港澳大湾区研究院：《2020 年中国 296 个城市营商环境报告》，载 21 经济网，2023 年 5 月 30 日。

36. 粤港澳大湾区研究院：《2018 年中国城市营商环境评价报告》，载 21 经济网，2023 年 5 月 30 日。

37. EI-hadj Bah, Lei Fang, Impact of the Business Environment on Output and Productivity in Africa, *SSRN Electronic Journal*, Vol.114, No.7, 2011.

38. Fabro Gema, José Aixalá, Economic Growth and Institutional Quality: Global and Income-Level Analyses, *Journal of Economic Issues*, Vol.43, No.4, 2009.

39. GIPC, *U. S. Chamber International IP Index 2020*, https://www.theglobalipcenter.com/wp-content/uploads/2020/02/GIPC_IP_Index_2020_FullReport.pdf.

40. La Porta R, Lopez-de-Silanes F, Shleifer A, Vishny R, The quality of government, *The Journal of Law, Economics, and Organization*, Vol.15, No.1, 1999.

41. La Porta, Rafael, Florencio Lopez-de-Silanes, Andrei Shleifer, Robert W. Vishny, Law and Finance, *Journal of Political Economy*, Vol.106, No.6, 1998.

42. Peter Taylor, Ben Derudder, *World City Network: A Global Urban Analysis* (Second Edition), London: Routledge, 2016.

43. Susanne Frick, Andrés Rodríguez-Pose, Average City Size and Economic Growth, *Cambridge Journal of Regions, Economy and Society*, Vol.9, No.2, 2016.

44. World Bank, *Doing Business 2020*, https://archive.doing business.org/en/reports/global-reports/doing-business-2020, 2023-05-30.

45. World Bank, *Pre-Concept Note Business Enabling Environment (BEE)*, https://www.worldbank.org/content/dam/doingBusiness/pdf/BEE%20Concept%20Note_December%202022.pdf, 2023-05-30.

46. World Bank, *Understanding Regulation, A Copublication of the World Bank, the International Finance Corporation*, and Oxford University Press, 2004.

47. World Bank, *B-READY Methodology Handbook*, https://thedocs.worldbank.org/en/doc/357a611e3406288528cb1e05b3c7dfda-0540012023/original/B-READY-Methodology-Handbook.pdf, 2023-05-30.

48. World Bank, *B-READY Manual and Guide*, https://thedocs.worldbank.org/en/doc/5d79ca28ad482b1a9bc19b9c3a9c9e19-0540012023/original/B-READY-Manual-and-Guide.pdf, 2023-05-30.

后　记

　　营商环境只有更好，没有最好。改革是硬道理。上海要实现营造国际一流营商环境的目标，唯有在改革中不断前行。党的二十大报告指出要"营造市场化、法治化、国际化一流营商环境"。近年来，党中央国务院采取了一系列举措，营商环境优化成效显著。上海深入贯彻落实习近平总书记关于上海等特大城市要率先加大营商环境改革力度的重要指示，制定实施了一系列优化营商环境的政策，从优化营商环境改革方案 1.0 版到 6.0 版，为上海持续提升其国际一流营商环境的水平提供了制度性的创新和支持，进一步优化稳定、公平、透明、可预期的营商环境，加快构建开放型经济新体制。

　　营商环境的建设一直在路上，我们对于营商环境的研究也将一直持续下去。在评价体系方面，将进一步完善方法论，优化营商环境指标构建；在数据方面，将密切追踪世界银行新版标准 B-READY 的评估报告，根据世界银行的最新测评结果，了解上海在全球的优势与短板；在企业调研方面，将持续跟进了解企业对新出台的政策法规和改革措施的获得感和满意度。通过持续研究创新，为上海建设国际一流营商环境贡献理论成果。

　　最后，本书受 2021 年度上海高校智库内涵建设项目"全面深化国际一流营商环境、促进上海卓越全球城市建设政策研究"、2017 年上海市人民政府决策咨询重点专项课题"国内外营商环境比较研究"、

2019 年上海市人民政府决策咨询重点课题"在更大范围和更宽领域进一步优化上海营商环境研究"、2021 年上海市人民政府决策咨询一般专项"上海优化营商环境 4.0 法治保障研究"资助。感谢上海智库报告出版项目评审专家提出的宝贵建议，感谢上海师范大学商学院教师黄国妍、杨朝远，以及学生林玉琦、钱佳燚、倪伟杰、奚润禾、刘欣悦、王睿安、贾芝兰、彭昱晖、吴泽凯对本书在资料搜集整理和前期写作时给予的支持和帮助。

图书在版编目(CIP)数据

宜商 利商 引商:国际一流营商环境评价标准与
上海实践/刘江会,鲍晓晔著.—上海:上海人民出
版社,2023
(上海智库报告)
ISBN 978 - 7 - 208 - 18484 - 8

Ⅰ.①宜… Ⅱ.①刘… ②鲍… Ⅲ.①投资环境-研
究-上海 Ⅳ.①F127.51

中国国家版本馆 CIP 数据核字(2023)第 153707 号

责任编辑 李 莹 裴文祥
封面设计 懂书文化

上海智库报告

宜商 利商 引商
——国际一流营商环境评价标准与上海实践
刘江会 鲍晓晔 著

出　　版　上海人民出版社
　　　　　(201101　上海市闵行区号景路 159 弄 C 座)
发　　行　上海人民出版社发行中心
印　　刷　上海新华印刷有限公司
开　　本　787×1092　1/16
印　　张　15.5
插　　页　2
字　　数　172,000
版　　次　2023 年 9 月第 1 版
印　　次　2023 年 9 月第 1 次印刷
ISBN 978 - 7 - 208 - 18484 - 8/F・2836
定　　价　70.00 元